So you <u>really</u> want to learn

French

Book Three

So you *really* want to learn

French

Book Three

Nigel Pearce B.A. M.C.I.L.

Editor: Joyce Capek

www.galorepark.co.uk

Published by Galore Park Publishing Ltd
19/21 Sayers Lane, Tenterden, Kent TN30 6BW
www.galorepark.co.uk

Typography by Typetechnique, London W1
Illustrations by Ian Douglass and i-Clipart
Cover design by Design Gallery

Printed by Replika Press, India

ISBN: 978 1 902984 89 6

First published 2007, reprinted 2010, 2012

Details of other Galore Park publications are available at
www.galorepark.co.uk

ISEB Revision Guides, publications and examination papers may also be obtained from Galore Park.

Photo Credits
P.12 ©Martin Riedl/Science Photo Library; p.19 ©2003 Tartan Films. All rights reserved; p.30 Ed Young Photography/photographersdirect.com; p.41 Steve Rainbow Photography/photographersdirect.com; p.59 ©Pierre Vauthey/Corbis Sygma; p.79 Martyn Chillmaid Photography/photographersdirect.com; p.96 © Erik Isakson/Corbis; p.98 ©Elizabeth Kreutz/Newsport/Corbis; p.109 ©Picimpact/Corbis; p.121 © Patrik Giardino/Corbis; p.147 ©2007:Topfoto.co.uk is powered by Fotoware a.s.1997–2003. All rights reserved.

Acknowledgements

The author wishes to express his sincere thanks to all those who have helped in the production of this, the third book in the *So you really want to learn French* series. In particular, the fruits of his efforts have been immeasurably enhanced by the expertise and attention to detail of Joyce Capek, who edited the work and also masterminded the excellent audio recordings for the CD which accompanies this book and the rest of the series.

Without the tireless encouragement of the Galore Park team, this work would have taken much longer to come to fruition, and for their unquenchable enthusiasm, as well as their patience, the author is, as usual, most grateful.

Ian Douglass, whose illustrations have enlivened all three books, also deserves praise and gratitude for his unique ability to make text come to life.

Contents

Introduction

Welcome to *So You Really Want to Learn French 3*. This third volume completes the series, and, in addition to laying firm foundations for higher-level study, takes learners up to the level they ought to reach for any examination they should face by the age of 13.

The main content of the book should ensure language competence in French up to the Common Entrance examination at 13+ and beyond, with plenty of extension work for the more able in the form of scholarship exercises.

The grammar summary, extensive vocabulary and audio CD complete the comprehensive package offered by this book.

Note: [S] in the exercises denotes questions which are suitable for scholarship level students.

Chapitre 1

La rentrée des classes

Exercice 1.1

Lis et écoute le passage. Traduis en anglais.

On est au mois de septembre. Les feuilles ont commencé à changer de couleur et quelques-unes sont déjà tombées des arbres. Pourtant, il fait beau et assez chaud. Il n'y a pas de vent, mais le soleil a perdu sa force et on sent venir l'hiver. C'est la rentrée des classes. Georges et Martine viennent de retourner à la maison après de longues vacances au bord de la mer. Ils se sont bien amusés, mais ils se sont reposés aussi. Les enfants ont découvert beaucoup de choses intéressantes. Ils ont finalement trouvé le nom du mystérieux «J-P.L.», le propriétaire de la boîte d'argent que leur voisin, Monsieur Simonneau, a trouvée dans son jardin. Martine était quand même impatiente de retrouver ses copains et copines en rentrant au collège.

Exercice 1.2

Ecoute le dialogue et puis réponds aux questions.

Martine.	Sabine! Comment vas-tu? Tu as passé de bonnes vacances?
Sabine.	Oui. On est allés aux Etats-Unis. C'était formidable!
Martine.	Vous êtes allés où exactement?
Sabine.	D'abord en Virginie, puis au Texas, en passant par la Louisiane.
Martine.	Vous avez visité la Nouvelle Orléans?
Sabine.	Ah oui. Et puis mon père est fanatique de jazz.
Martine.	Super! Nous, on est allés en Tunisie.
Sabine.	On dirait qu'il a fait beau là-bas, tu es toute bronzée.
Martine.	Ça se voit, n'est-ce pas?
Sabine.	Tu es dans quelle classe cette année?
Martine.	La même que la tienne! Tu n'as pas regardé les listes?
Sabine.	Non … Je viens d'arriver.

la feuille	the leaf
tomber	to fall
perdre	to lose
la force	strength, power
sentir (irreg.)	to feel, to sense
se reposer	to rest

retrouver (quelqu'un)	to meet up (with someone)
la Nouvelle Orléans	New Orleans
fanatique (de)	very keen (on)
on dirait que ...	one would say that ...
ça se voit	it's obvious
le tien, la tienne	yours
changer de ...	to change (something)
se passer	to happen

Réponds en français:

1. L'histoire se passe en quelle saison?
2. Quel temps fait-il?
3. Où est la Nouvelle Orléans?
4. Qu'ont fait les enfants avant de rentrer au collège?
5. Qui est Monsieur Simonneau?

Les questions: répondre en français

Here are some tips on answering French questions in French. Let us take the questions in Exercice 1.2 as an example. The first thing to remember is always to use anything given in the question to help you form your answer. In question 1, you are asked:

> L'histoire se passe en quelle saison?

Look at the question and find the verb. It is 'se passe'. Use that in your answer.

Next, identify the bit that actually asks the question. This is usually where the question word appears. In this example, the question is introduced by the word quelle, so you will need to *replace* this question part with your answer.

> L'histoire se passe *en automne*.

Secondly, you should by now be able to cope with answering lots of everyday questions, like question 2 in the exercise. Therefore, when you get one of these, try very hard to remember how you would answer it in conversation.

Thirdly, and very importantly, make sure you know all the meanings of all the question words. They may look small and insignificant, but if you answer the question 'where?' instead of the question 'when?', you will give the wrong information in real life just as in an exam!

Rappel: les mots et expressions interrogatifs

qui?	who?
que?	what?
qu'est-ce que?	what? (+ verb expression, e.g. what are you doing?)
comment?	how?
quand?	when?
pourquoi?	why?
où?	where?
combien (de)?	how many? how much?
quel, quelle, quels, quelles (+noun)?	which ...? what ...?

Attention! qui is never shortened, but que is qu' before a vowel.

Les verbes qui sont suivis d'un verbe à l'infinitif

On sent venir l'automne. One can sense the autumn coming.

This is a common construction in French, and it is easy to understand. The first verb is conjugated (in other words, you use the person and tense that are appropriate) and the second verb remains infinitive. Here are some more examples:

aller chercher	to go and get
faire faire	to have something done or made
faire venir	to get someone to come, to 'send for'
laisser faire	to let someone do as they please
laisser tomber	to drop
venir chercher	to come and get

Exemples:

Il laisse tomber le livre.	He drops the book.
On a fait faire un mur.	We had a wall made.
J'ai fait venir le médecin.	I sent for the doctor.
Paul joue mal, mais je le laisse faire.	Paul plays badly, but I let him get on with it.

Exercice 1.3

Traduis en anglais:

1. Ma soeur a laissé tomber le vase que maman a acheté ce matin.
2. La voisine de Paul avait mal au ventre; elle a fait venir le médecin.
3. Pourquoi ne fais-tu pas faire une serre?
4. Le petit Thierry voulait jouer au foot. Je l'ai laissé faire.
5. Martine a laissé tomber la carafe d'eau qu'elle portait.

Exercice 1.4

Cherche et recopie ces phrases du texte de l'exercice 1.1 et 1.2:

1. It is September.
2. Some (f.) have already fallen.

3. Georges and Martine have just returned.
4. They had a good time.
5. The owner of the box.
6. On going back to school.
7. We went to the USA.
8. Passing through Louisiana.
9. My father is a jazz fanatic.
10. Which class are you in?

Exercice 1.5

Traduis en français:

Use your answers to Exercice 1.4 to help you. Remember that, when writing French, you should not just translate word for word, and always ask yourself what **tense** a verb should be in.

1. It was September.
2. Some (m.) have already left (i.e. departed).
3. Jean and Sabine have just phoned.
4. We are going to have a good time.
5. The owner of the bike.
6. On finding the book.
7. She went to France.
8. Crossing (by) the bridge.
9. My mother is a music fanatic.
10. Which room is he in?

la pièce, la salle	the room (pièce = any room in the house; salle = specific room like salle à manger, salle de bains, salle de classe etc.)

 Traduis en français:

11. Some of the girls went out.

12. It was June and the weather was beautiful.

13. While going through the door, she fell.

14. Georges did not have a good time at the seaside.

15. Which car was he in when they (m.) stopped?

Exercice 1.6

Ecoute le dialogue et puis réponds aux questions.

Georges.	Tiens! Tochiko. Ça va?
Tochiko.	Ça va. Et toi?
Georges.	Ça va. Je ne sais pas où aller.
Tochiko.	Tu n'as pas regardé?
Georges.	Pas encore. Où sont les listes de classes?
Tochiko.	Elles sont affichées dans le couloir, à côté des casiers.
Georges.	Merci. Tu viens à la boum?
Tochiko.	Quelle boum?
Georges.	Ce soir à sept heures et demie. Chez nous. C'est pour fêter l'anniversaire de Martine.
Tochiko.	Je ne crois pas.
Georges.	Pourquoi?
Tochiko.	Euh … je dois demander à maman …

afficher	to put up, to post (a notice on a board)
le couloir	the corridor
la boum	the party
le casier	the locker

Réponds aux questions en français:

1. Pourquoi est-ce que Georges ne sait pas où aller?

2. Qu'est-ce qu'il y a à côté des casiers?

3. C'est quand, la boum?

4. Qui ne peut pas venir à la boum?

5. Qu'est-ce qu'elle dit?

Exercice 1.7

Voici un email que Tochiko a écrit à sa soeur. Lis-le, puis fais l'exercice.

Destinataire: Mina
Copie:
Objet: Collège

Salut Mina,

Je suis au collège. Ça va, mais tout est nouveau. Je suis en sixième avec Madame Meunier. Elle est assez sympa mais elle est prof de géo et je trouve ça difficile. J'ai un problème. On m'a invitée à une boum ce soir pour l'anniversaire de Martine, mais je ne veux pas y aller parce qu'on nous a donné des tas de devoirs et je veux travailler cette année. Il faut absolument que je trouve une excuse! Aide-moi! Réponds-moi vite!

Je t'embrasse,

Toch'

devoirs	envoyé	beaucoup	mal	quand	aime	le	la
trouver	**était**	faire	a	à			

Recopie ce passage, en remplissant les blancs avec des mots de la case, comme dans l'exemple:

Tochiko ... **était** ... à l'école .... elle a .... un e-mail à Mina. Elle .... Madame Meunier, mais elle n'aime pas .... la géographie. Elle .... trouve difficile. Tochiko voulait .... ses ...., donc elle .... demandé à Mina de .... une excuse.

des tas de (sl.)	masses of/lots of
absolument	absolutely

Exercice 1.8

Imagine et écris la réponse de Mina à sa soeur! Ecris de 30 à 50 mots.

Voici quelques mots et phrases pour t'aider:

tu pourrais dire que …	you could say that …
dis-lui que …	tell him that …
tu dois …	you have to …
la vérité	the truth
ou	or
ou bien	or perhaps

Exercice 1.9

Travaillez à deux.

On vous téléphone pour vous inviter à une soirée. Vous ne voulez pas y aller.

Inventez un dialogue, comme dans l'exemple:

A. Allô?

B. Salut Paul. c'est moi, Jacques. Tu veux venir au cinéma ce soir?

A. Désolé. Je ne peux pas. Je …

Exercice 1.10

Au collège, il y a un club de correspondance internationale organisé par un professeur. Martine a un correspondant anglais, Peter, mais Tochiko et Philippe n'ont pas de correspondants. Philippe regarde les petites annonces dans le journal du club. Philippe aime aller à la disco, faire des randonnées en montagne, jouer au basketball, écouter de la musique rap à la radio et faire du vélo. Tochiko adore la musique classique, aller à la plage, manger de la nourriture orientale, et elle aime aussi les romans policiers.

Regarde les annonces. Quel(le)s sont les correspondant(e)s idéaux (idéales) pour Philippe et Tochiko, et pourquoi?

Club de Correspondance Internationale		
Prénom Nationalité Age Aime N'aime pas	**Joshua** anglaise 13 ans le football les voitures de sport Mozart la campagne	**Mireille** suisse 12 ans la danse le sport le cyclisme la musique ancienne
Prénom Nationalité Age Aime N'aime pas	**Claudia** allemande 12 ans les promenades le jazz la lecture le sport	**Mark** américaine 13 ans la cuisine japonaise la musique du 19e siècle la lecture les bandes dessinées

une petite annonce	a small ad
en ligne	on-line
la nourriture	food
oriental	oriental, eastern
idéal (m.pl. idéaux)	ideal

Exercice 1.11

Regarde les annonces du club de correspondance. Ecris une annonce pour toi, et une pour un(e) ami(e).

Prénom Nationalité Age Aime N'aime pas	

A question for the curious among you:

Why is the nationality of everyone in the 'club de correspondance' ads given in the feminine?

Qui et que

You will have noticed that qui and que have more than one meaning. When they are question words, they are always the same: qui? means who?, que? means what? However, they have other functions, so here is a handy summary:

1. Question words

qui?	**who?**
Qui est à l'appareil?	Who is on the phone?
que?	**what?**
Que fais-tu?	What are you doing?

2. Relative pronouns

qui	**who, which, that (as a subject)**
La jeune fille qui m'écrit.	The girl who writes to me.
Le vase qui est tombé.	The vase which fell.
La chose qui m'inquiète.	The thing that worries me.
que	**who, which, that (as an object)**
Le garçon que tu as vu.	The boy whom you saw.
Le vase qu'il a brisé.	The vase which he broke.
La maison qu'elle va acheter.	The house that she is going to buy.

3. Conjunction (que only)

que	**that**
Je sais que tu veux partir.	I know that you want to leave.

N.B. Don't forget that **qui** is never shortened, but **que** becomes **qu'** before a vowel.

Attention!

Remember that, while you can leave out these words sometimes in English – the boy (whom) you saw, I know (that) you want to leave – you can *never* omit them in French.

When you are working out whether to use qui or que – if you can leave it out in English, then it is que in French.

Exercice 1.12

Recopie ces phrases, avec **qui**, **que** ou **qu'**:

1. C'est moi ... ai écrit la lettre.
2. ... est dans ma classe cette année?
3. Tochiko n'aime pas les enfants ... se plaignent tout le temps.
4. ... a lu le nouveau Harry Potter?
5. C'est un bouquin ... tout le monde aime énormément.
6. ... est le Président de la République?
7. ... va-t-on manger ce soir?
8. On va manger les escalopes ... tu as choisies hier.
9. Le disque ... tu écoutes est le mien.
10. C'est ma mère ... va faire la cuisine.
11. Où sont les cahiers ... elle cherche?
12. Le livre ... il veut lire est excellent.
13. Les repas ... on sert au collège sont assez bons.
14. Le prof ... parle en ce moment s'appelle M. Béchet.
15. Où as-tu mis le magazine ... je veux lire?

se plaindre (irreg.)	to complain
un bouquin (sl.)	a book
énorme	huge
énormément	enormously, very much
une escalope	an escalope/a thin slice of veal
le mien	mine

Exercice 1.13

Explique chacun des 'qui' et des 'que' du passage. C'est un pronom interrogatif, un pronom relatif, ou une conjonction?

Exemple: 1. qui pronom interrogatif

Qui (1) aime l'histoire? Tu l'aimes? Moi aussi! Les matières que (2) je dois faire au collège sont toutes très intéressantes. Je sais que (3) mes amis sortent ce soir, mais le cinéma qu' (4) ils aiment est fermé. C'est vrai qu' (5) on peut trouver d'autres cinémas, mais que (6) va-t-on faire si on n'aime pas les films qu' (7) on y passe?

Exercice 1.14

Traduis le passage de l'exercice 1.13 en anglais.

Exercice 1.15

C'est le soir de ta première journée d'école au mois de septembre. Ecris un e-mail en français à un(e) ami(e) français(e). Ecris de 90 à 120 mots. Tu dois mentionner **quatre** des cinq points suivants:

1. la rentrée des classes à ton école;
2. un nouvel ami ou une nouvelle amie;
3. la nourriture à l'école;
4. les matières que tu vas faire cette année;
5. ce que tu as fait ce matin.

CD 4

Exercice 1.16

Lis et écoute le dialogue, puis réponds aux questions en anglais.

C'est l'après-midi au collège. Martine, Georges, Tochiko et Philippe sont dehors, dans la cour.

Martine. Qu'est-ce que vous avez cet après-midi?
Philippe. Moi? J'ai une heure d'anglais et une heure d'espagnol.
Tochiko. J'adore l'espagnol. C'est une belle langue, et c'est utile. Moi, j'ai histoire-géo et biologie.
Philippe. Qu'est-ce que tu as, toi, Georges?
Georges. Je ne sais pas. Je n'ai pas regardé!
Tochiko. Alors, qui a bien mangé?
Philippe. Moi! J'ai choisi les pâtes à la sauce napolitaine.
Martine. Tu as bien fait. Moi, j'ai pris une salade niçoise et des tomates. Ce n'était pas terrible.
Tochiko. Moi, j'ai eu la salade aussi, mais j'ai eu du fromage râpé avec.
Martine. Ah bon? Il y avait du fromage? Je ne l'ai pas vu!
Georges. *(Il regarde son emploi du temps)* Ah. J'ai maths et biologie.
Martine. Tochiko, c'est vrai que tu ne peux pas venir à ma boum?
Tochiko. Oui c'est vrai. Pardon, Martine, mais j'ai promis à maman de travailler dur cette année, et j'ai deux heures de devoirs à faire pour demain.
Martine. Ne t'en fais pas, ça ne fait rien. Je comprends.

1. What lessons does Tochiko have this afternoon?
2. What is her opinion of Spanish?
3. Why does Georges not know which lessons he has?
4. Why does Tochiko say she cannot go to the party?
5. What is Martine's reaction?

ce que tu as fait	what you did, what you have done
du fromage râpé	grated cheese
ne t'en fais pas	don't worry about it
ce n'était pas terrible	it wasn't great

Role play – how to tackle it

Role play is a speaking exercise in which you are given tasks to do. As with many testing methods, there are techniques to use, which make it easier to prepare.

Look at what you are asked to *do*. You will see that the tasks split comfortably into several categories. The most obvious general ones are:

Say	in which you have to make a statement.
Ask	in which you have to ask a question.
Answer the question	… which speaks for itself. This one is the unpredictable element, which allows you to show how good you are! The questions are usually quite simple.

Always look at the title of the role play (e.g. La rentrée des classes) and the instructions (e.g. Tu es au collège en France avec ton correspondant français). The instructions also make clear whom you are speaking to, which is very important, since you need to know whether to say tu or vous. When your teacher, the examiner, or your partner in the class speaks back to you, they are reading from a script. While it helps if you understand what they say, you should concentrate only on moving on to the next task.

Exercice 1.17

Try this short, easy role play. Afterwards, listen to the model answer on the CD.

La rentrée des classes

Tu es au collège en France avec ton correspondant français.

Student (you)	**Examiner (your teacher or partner)**
1. Ask him what time the lesson finishes.	
	A 12 h 30.
2. Tell him you are hungry.	
	On va manger dans une demi-heure.

3. Ask if there is any homework.

Pour moi, oui. Pas pour toi!
Tu aimes l'histoire?

4. Answer the question.

Most role-play tasks will be about twice this length, and can include elements which require you to speak in the past and future tenses. Another couple of short role plays follow here, and we shall look at some slightly more demanding ones in future chapters.

Exercice 1.18

Try this role play and then listen to the model answer on the CD.

A la cantine du collège

Tu es à la cantine avec ton ami(e) français(e).

Student	Examiner
1. Say that the dining room is huge!	
	Oui, c'est vrai.
2. Ask where you can sit.	
	Mets-toi à côté de moi.
3. Say the food is delicious.	
	Oui. Mais tu n'aimes pas le poisson?
4. Answer the question.	

Exercice 1.19

Try another role play and then listen to the model answer on the CD.

Le soir, chez ton correspondant

Tu es dans le salon avec sa famille. Tu parles au père.

Student	Examiner
1. Say you like Philippe's school.	
	Oui, nous avons de la chance.
2. Ask if there are computers.	
	Bien sûr! Tu aimes l'informatique?
3. Answer the question.	
4. Ask what time dinner is.	
	D'habitude on mange à 20 heures.

Parlons encore un peu: Giving a short talk about yourself or your interests (1)

A prepared talk is used in some exams as a way of encouraging you to talk about yourself. It is always useful to be able to say a few things about yourself, to get a proper conversation going, and to help you find out more about the person you are talking to. You need to express your opinions – about anything! – and say why you have them. In this chapter, we shall start by continuing the school theme and preparing some basic things to say. In each chapter, you will be invited to give information and opinions on the main topic, and, in this way, you will build up your ability to speak on a whole range of things.

But how do we turn a prepared talk into a conversation? You could just go through the entire school day, giving the times at which you do absolutely everything, but this would not be very interesting to listen to! It is much better to say that you arrive in class at a certain time, that you have a certain number of lessons a day, that you particularly like a certain subject, because (give an interesting reason), that you are not keen on something else. You could say something interesting about your school, whether you find the work hard or easy, whether the food is good or bad. Finally, *listen* to the examiner's questions. Be prepared to answer them, as this will turn a 'talk' into a 'conversation'.

In the next exercise, we look at a possible way to structure your talk.

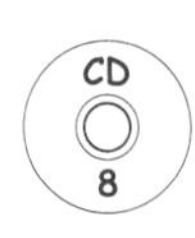

Exercice 1.20

On va parler de la vie et du travail au collège! Ecris sur l'ordinateur ce que tu vas dire.

In this exercise, you have to prepare to say in French a few things about your life and work at school. Use the following as a guide and listen to it on the CD.

Voici des suggestions:

D'habitude j'arrive en classe à (huit heures et quart).

Dans ma classe, nous sommes (dix-sept).

Le matin, avant le déjeuner, on a (cinq) cours.

On mange (bien) à la cantine.

Aujourd'hui, on est (jeudi). J'aime les (jeudis) mais je préfère les (lundis) parce que nous avons (latin) et j'adore ça.

Aujourd'hui on a (anglais) et je n'aime pas beaucoup ça parce que (le prof est sévère).

Les classes finissent à (dix-sept heures) et je rentre (à la maison) (en bus).

Exercice 1.21

Maintenant, apprends ce que tu as écrit pour l'exercice 1.20. Ecris des aides-mémoire sur une petite carte, comme dans l'exemple:

arrive 8 h 15	
classe	
ami(e)s	
cours	
cantine	
lundi – sport	
anglais – prof	
classes	
maison	

CD 9

Exercice 1.22

Dictée

In a **dictée**, a text is read to you a total of four times: once all the way through, then in short phrases, for you to write down exactly what you hear. These short phrases are immediately repeated. Finally, the passage is read through once more for you to check. Punctuation is given in French, during the second and third readings.

point	.
virgule	,
point d'interrogation	?
point d'exclamation	!
point virgule	;
ouvrez/fermez les guillemets	«»

Ecoute le CD.

Vocabulaire 1

Des mots indispensables de ce chapitre:

Les verbes

aller chercher	to go and get
faire venir	to get someone to come, to 'send for'
laisser tomber	to drop
perdre	to lose
retrouver (quelqu'un)	to meet up (with someone)
se passer	to happen
se plaindre (irreg.)	to complain
se reposer	to rest
sentir (irreg.)	to feel, to sense
tomber	to fall
venir chercher	to come and get

Les noms

une escalope	a thin slice of veal
la feuille	the leaf
la force	strength, power
du fromage râpé	grated cheese
la pièce, la salle	the room
la vérité	the truth

Quelques expressions

on dirait que …	one would say that …
ça se voit	it's obvious
ce que tu as fait	what you did, what you have done (**ce que** literally means 'that which')

Les pronoms

le mien, la mienne	mine (sing.)
le tien, la tienne	yours (sing.)

Les adverbes

absolument	absolutely
énormément	enormously

Un adjectif

énorme	huge

Vive la France!

Etre et avoir

Etre et avoir, c'est un film français très spécial, qui a connu un succès énorme et inattendu. C'est l'histoire d'une école en Auvergne où tous les élèves sont réunis dans une seule classe. L'instituteur, M. Lopez, doit apprendre aux enfants tout ce qu'il leur faut savoir, de la maternelle jusqu'au CM2: c'est à dire de l'âge de 5 ans à 11 ans.

Il n'y a pas d'acteurs dans ce film, car, quand on a commencé à le tourner, on envisageait de faire seulement un documentaire sur l'une des dernières écoles de ce genre en France, mais toute absence de commentaire lui a donné un air d'authenticité et le film a été vite accueilli comme un chef d'œuvre.

On y voit tout: la neige qui tombe en hiver pendant que le minibus communal fait le tour des maisons et des fermes pour amener les élèves à l'école, les problèmes familiaux et la vie intime des élèves, les promenades et les pique-niques …

Le maître et ses élevès

(a) Qu'as-tu compris? Ecris quelques lignes en anglais sur *Etre et avoir,* ou traduis le passage.

(b) Vrai ou faux?

1. Dans cette école, il y a deux grandes classes.
2. Il n'y a pas d'acteurs dans le film.
3. Le professeur s'appelle Monsieur Lopez.
4. Il y a beaucoup d'écoles comme celle-ci en France.
5. Il n'y a pas de commentaire pedant le film.

(c) Recopie les phrases en remplissant les blancs:

1. Il y a un .... pour amener les enfants à l'école.
2. Monsieur Lopez connaît bien les familles de ses ....
3. On .... aller à cette école dès l'âge de cinq ans.
4. Au début, ce film allait être un ....
5. En été, l'instituteur fait des .... avec ses élèves.

Bravo!

Tu as fini le premier chapitre!

In Chapter 2, you will be looking at ways of describing how you spend your work and leisure time, and will meet the demonstrative pronouns celui and celle.

Chapitre 2

La vie de tous les jours – le travail et les loisirs

Exercice 2.1

Lis et écoute le passage et le dialogue. Puis réponds aux questions.

Chez Georges et Martine, la rentrée n'est pas seulement la rentrée des classes, mais aussi le retour au travail pour leurs parents. Les enfants sont rentrés au collège il y a une semaine, et papa aussi a dû se lever tôt pour être à l'heure à son bureau! Les enfants ont changé de classe, et papa a changé de bureau. Le premier septembre il est devenu chef d'équipe. Maman vient de trouver du travail, elle aussi: elle est employée au bureau de poste. Leur voisin Monsieur Simonneau a de la chance. Il est à la retraite. Il peut se lever quand il veut, mais tous les matins, en sortant de la maison à sept heures et demie, papa le voit déjà dans son jardin ou dans sa serre.

Papa.	Bonjour Paul.
M. Simonneau.	Bonjour!
Papa.	Tu te lèves tôt!
M. Simonneau.	Ah oui. Quand il fait beau, je me lève toujours vers sept heures.
Papa.	Sept heures! Tu n'aimes pas dormir?
M. Simonneau.	Si! C'est que je me couche toujours de bonne heure. Il n'y a jamais rien d'intéressant à la télé. Je dîne à vingt heures et je lis le journal ou bien j'écris des articles, ou des lettres.

Papa.	Des articles?
M. Simonneau.	Oui. Je suis le président de la société d'horticulture du village, donc je suis obligé de rédiger une revue mensuelle.
Papa.	Tu t'en donnes de la peine!
M. Simonneau.	Mais non! Ça me fait plaisir. Je le fais pour m'amuser! Et toi, qu'est-ce que tu fais le week-end? Tu fais la grasse matinée? On ne te voit pas souvent dans le jardin avant midi!
Papa.	Non! C'est vrai que je me lève un peu plus tard, mais c'est moi qui prépare le petit déjeuner pour toute la famille le week-end. Je descends avec Georges. Ce sont Martine et sa mère qui restent au lit! Georges va chercher le pain et les croissants, et on se met à table vers neuf heures. Oh! là là! Il est presque huit heures! Au boulot! Salut Paul!
M. Simonneau.	Salut! Bonne journée!
Papa.	Merci!

tôt	early
de bonne heure	early
à temps	on time
changer (de ...)	to change (something)
le chef d'équipe	head of section; head of department
la serre	greenhouse
rédiger	to draw up, to put together (e.g. a document)
la revue	revue, newsletter
mensuel	monthly
le plaisir	pleasure
se donner de la peine	to make work for oneself, to take trouble
faire la grasse matinée	to have a lie-in

Réponds aux questions en anglais:

1. When did Martine and Georges go back to school?
2. Why has Dad changed offices?
3. Why can M. Simonneau please himself when he gets up in the morning?
4. When does M. Simonneau say he gets up at 7 o'clock?
5. Why is he able to get up early?

6. What does he do in the evening apart from reading the newspaper?
7. What is his opinion of what is on television?
8. What must he do for the gardening club?
9. Why is Dad 'not seen' before noon at the weekend?
10. What does Georges do?

Exercice 2.2

Dans le texte, trouve les expressions françaises pour:

1. I always go to bed early.
2. Nothing interesting.
3. Or else I write articles.
4. I have to …
5. I do it for fun.
6. I'm the one who …
7. We sit down to eat.
8. Nearly eight o'clock.
9. Off to work.
10. Have a good day.

Exercice 2.3

Regarde tes réponses à l'exercice 2.2, et traduis ces expressions en français:

1. Mum always goes to bed late.
2. Something interesting.
3. Or else I walk the dog.
4. She had to …
5. We (On) do it for fun.
6. I am the one who tidies my room.

7. He sits down to eat.

8. Nearly lunchtime.

9. Have a nice evening.

10. Have a nice weekend.

Traduis ces expressions en français:

11. It is we who write articles.

12. They (f.) did it for fun.

13. I am going to sit down to eat.

14. They (m.) are going to have to leave.

15. Something amazing.

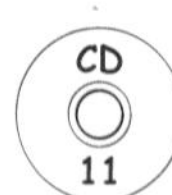

Exercice 2.4

Dictée

The passage will be read to you a total of four times: once all the way through, then in short phrases, for you to write down exactly what you hear. These short phrases are immediately repeated. Finally, the passage is read through once more for you to check. Punctuation is given in French, during the second and third readings.

Exercice 2.5

Lis le passage puis décide si les propositions en dessous sont vraies ou fausses.

Au collège, les cours finissent à dix-sept heures trente, c'est à dire à cinq heures et demie du soir. Il y a un bus à 17 h 45, alors, au lieu de rentrer tout de suite à la maison, Georges bavarde avec quelques amis sous le préau et Martine passe le temps à feuilleter un magazine. Lorsqu'ils arrivent chez eux, Martine prend la clé dans son cartable et ouvre la porte d'entrée. Il n'y a personne, parce que maman rentre à 18 h 30 et papa arrive d'habitude un peu après. Donc c'est Georges qui donne à manger au chat et Martine qui met la table pour le repas du soir. Le chat est très content de revoir les jeunes gens. Il ronronne de plaisir en mangeant son dîner. Georges sait qu'il adore le lait et lui en verse un peu dans une soucoupe.

Vrai ou faux?

1. A l'école, les classes se terminent avant seize heures.
2. Après les classes, Georges et Martine retournent immédiatement à la maison.
3. Georges parle avec ses copains pendant que Martine lit.
4. Maman ouvre la porte quand les enfants arrivent.
5. Papa rentre à la maison avant maman.
6. Le soir à la maison, le frère de Martine s'occupe du chat.
7. Le chat mange son dîner en même temps que la famille.
8. Le chat aime son dîner.

Exercice 2.6

CD 2

Lis et écoute le dialogue, puis apprends le vocabulaire et les locutions.

Le soir, à la maison

Georges. Il est quelle heure?
Martine. Je ne sais pas. Je n'ai pas mis ma montre. Regarde la pendule du salon.
Georges. Chut! Écoute! Tu as entendu ça? C'est papa qui rentre.
Martine. Je vais regarder. Ah non, c'est maman.
Georges. Je vais lui ouvrir.

***

Maman. Ouf! Quelle journée!
Martine. Bonsoir maman. Tu as eu une journée difficile alors?
Maman. Eh bien oui.
Georges. Mais tu fais le tour du village et tu mets des lettres dans les boîtes aux lettres, ce n'est pas difficile!
Martine. Ne t'en fais pas maman, il ne comprend pas!
Georges. Qu'est-ce que je ne comprends pas?
Maman. D'abord, je ne mets pas de lettres dans les boîtes! Aujourd'hui j'ai travaillé au guichet et j'ai eu beaucoup de clients très difficiles! Et puis, la balance électronique est tombée en panne!
Martine. Je te donne un coup de main avec le dîner maman?
Maman. Oui je veux bien. Veux-tu préparer les légumes et laver la salade? Je vais me changer.
Martine. Bien sûr. Qu'est-ce qu'on mange?
Maman. Des filets de merlan et du melon. Je l'ai acheté hier au marché.

le guichet	the till, the counter*
revoir	to see again
la soucoupe	saucer
ronronner	to purr
la montre	wristwatch
la pendule	clock (on the wall)
faire le tour (de ...)	to go around (something)
la boîte aux lettres	letter box
la balance	weighing scales
le merlan	whiting (a type of fish)
ne t'en fais pas	don't worry
donner un coup de main	to give a (helping) hand
tomber en panne	to break down (of machinery)
en panne	'out of order' (not working)

*In French, the word **guichet** can mean ticket office or till, but it is also used for the glass-fronted counter in a post office.

Exercice 2.7

Réponds aux questions en anglais:

1. Why can Martine not tell Georges what the time is?
2. What does she tell Georges to do?
3. What does Georges think Mum has been doing today?
4. Where was she in fact working?
5. What was the first reason that she had had a hard day?
6. What was the second reason?
7. What does Mum ask Martine to do?
8. What will Mum be doing in the meantime?
9. Where and when did Mum buy the melon?

Exercice 2.8

Dans le dialogue, trouve les expressions françaises pour:

1. What's the time?
2. The sitting-room clock.
3. Did you hear that?
4. It's Dad coming home.
5. I'll open the door for her.
6. What a day!
7. You go round the village.
8. Shall I give you a hand with dinner?
9. I'm going to get changed.
10. I bought it.

Exercice 2.9

En regardant tes réponses de l'exercice 2.8, traduis en français:

1. The kitchen clock.
2. The dining-room table.
3. Did you see that?
4. It's Marie going out.
5. You'll open the door for me.
6. What a beautiful dress!
7. They (m.) go round the town.
8. Shall I give Dad a hand? *(Note: say '**to** Dad', not just 'Dad')*
9. She's going to get changed.
10. She bought it.

 Traduis en français:

11. The shed roof.
12. Did they repair that?
13. The noise? It was Jean and Philippe working in the garage.
14. What an old building!
15. It's my mother's sister's flat.

roof	le toit
shed	la remise, la cabane
to repair	réparer
building	le bâtiment

Exercice 2.10

Ecris ces phrases à la forme négative:

1. J'ai regardé la pendule.
2. La pendule était sur la cheminée.
3. Elle a vu maman.
4. Marie sort tous les soirs.
5. Elle va ouvrir la porte.
6. C'est une belle maison.
7. Pierre veut goûter le fromage de chèvre.
8. Claire donne souvent un coup de main à maman dans la cuisine.
9. Vous allez vous changer?
10. Paul peut les acheter.

 Ecris à la forme négative:

11. C'était moi qui réparais* la remise. (*Do not make **réparais** negative.)

12. Maman a emménagé au mois de décembre.

13. L'appartement était propre.

14. Je pouvais tout voir de la fenêtre.

15. Il y avait un balcon.

Exercice 2.11

This type of exercise is to help you prepare to speak in French for a short time without stopping. Read the instructions through before you begin.

Describe the following situation. Write rough notes in French (don't worry too much about spelling).

Say that you arrive home at 5.50 in the evening. There is no one at home. You open the door and go in. Your Mum or Dad arrives home after you, then your brother. You start to prepare the evening meal.

1. Vous avez cinq minutes pour vous entraîner (à cet exercice) avec un partenaire. Chronométrez-vous!*

**Time each other*

2. Raconte la situation *au passé*.

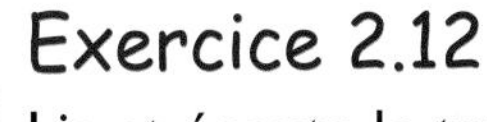

Exercice 2.12

Lis et écoute le texte suivant. Cherche le vocabulaire numéroté dans le dictionnaire (see p 31).

Les tâches ménagères

Un jour à l'école, tous les élèves parlent devant la classe des tâches ménagères, c'est à dire des petits boulots qu'ils doivent faire pour aider leurs parents à la maison. Les parents de Georges et Martine travaillent tous les deux, alors tout le monde est obligé de donner un coup de main. La semaine dernière, par exemple, Martine a beaucoup aidé dans la cuisine et Georges a travaillé dans le jardin. On leur demande ce qu'ils ont fait.

Professeur.	Georges, qu'est-ce que tu as fait la semaine dernière, pour aider tes parents?
Georges.	Eh bien, moi, j'ai travaillé dans le jardin. J'ai tondu la pelouse, ce qui est assez dur en ce moment car la tondeuse est assez vieille et elle peut tomber en panne d'un moment à l'autre! Puis papa m'a demandé de planter des bulbes au bord de la terrasse. Il a dit que ça allait donner des tulipes au printemps. Après cela, j'ai dû creuser des trous pour y planter des têtes d'ail. Pour creuser j'ai utilisé une pelle. J'ai préparé la terre pour les légumes avec une fourche, j'ai arraché les mauvaises herbes et j'ai tout ratissé avec un râteau après avoir mis les graines avec une truelle. Puis j'ai arrosé, bien sûr.
Professeur.	Merci Georges. On voit que tu aimes le jardinage!
Georges.	Ah oui. J'adore ça.
Professeur.	Et toi, Martine. Qu'as-tu fait?
Martine.	Quant à moi, j'ai surtout aidé avec la cuisine, car on arrive d'habitude le soir avant maman et papa. La semaine dernière, j'ai mis

la table tous les soirs, et lundi j'ai aidé à préparer le repas. D'abord, il m'a fallu éplucher les pommes de terre. J'ai dû les mettre dans une grande casserole, puis j'ai ajouté de l'eau et du sel. Ça fait du bruit quand on ouvre le robinet pour faire couler l'eau froide, et puis on a du mal à le refermer! J'ai allumé le gaz et j'ai mis la casserole sur la cuisinière. Après le repas, Georges a débarrassé la table, mais c'est maman qui a tout rangé dans les placards.

Professeur. Et tu fais autre chose, pour aider à la maison?

Martine. Oui. Je nettoie la voiture. J'aime faire briller la carrosserie!

le bulbe	bulb (e.g. of a tulip)
la tulipe	tulip
la terrasse	terrace, patio
creuser	1.
le trou	2.
la tête d'ail	garlic bulb
la pelle	spade
la fourche	fork
arracher	3.
la mauvaise herbe	weed
ratisser	to rake
le râteau	4.
planter	to plant
la graine	5.
la truelle	trowel
arroser	6.
éplucher	7.
la casserole	saucepan
ajouter	8.
le robinet	tap
ouvrir un robinet	to turn on a tap

fermer un robinet	9.
couler	10.
refermer	to turn off again, to close again
la cuisinière	cooker
débarrasser la table	to clear the table
le placard	cupboard
autre chose	something else
la carrosserie	bodywork (of a car)

Exercice 2.13

Après la correction de l'exercice 2.12, apprends tout le vocabulaire.

Exercice 2.14

Tochiko reçoit un email de Mireille, une amie belge. Copie le texte et remplis les blancs avec des mots de la case, comme dans l'exemple.

Destinataire: Tochiko
Copie:
Objet: Salut

Salut Tochiko,

Ça fait une heure et demie que je … **suis** … dans ma chambre. Je .... ennuie, parce que j' .... fini mes .... et je .... ai pas de bon livre à .... Il pleut, et je .... le mauvais .... Hier, j'ai .... aider mon père dans la .... On a .... des filets de .... et de la salade. Je n'aime pas faire la cuisine, je .... travailler .... le jardin mais c'est .... frère Jules qui .... ça.

Réponds-moi vite! Je t'embrasse

Mireille

lire	dans	mangé	me	**suis**	ai	m'
aime	déteste	manger	devoirs	dû	temps	du
n'	cuisine	poisson	fait	préfère	mon	faire

Exercice 2.15

Voici un email que George a écrit en réponse à un message qu'il venait de recevoir.

Imagine, et écris, l'email qu'il a *reçu*.

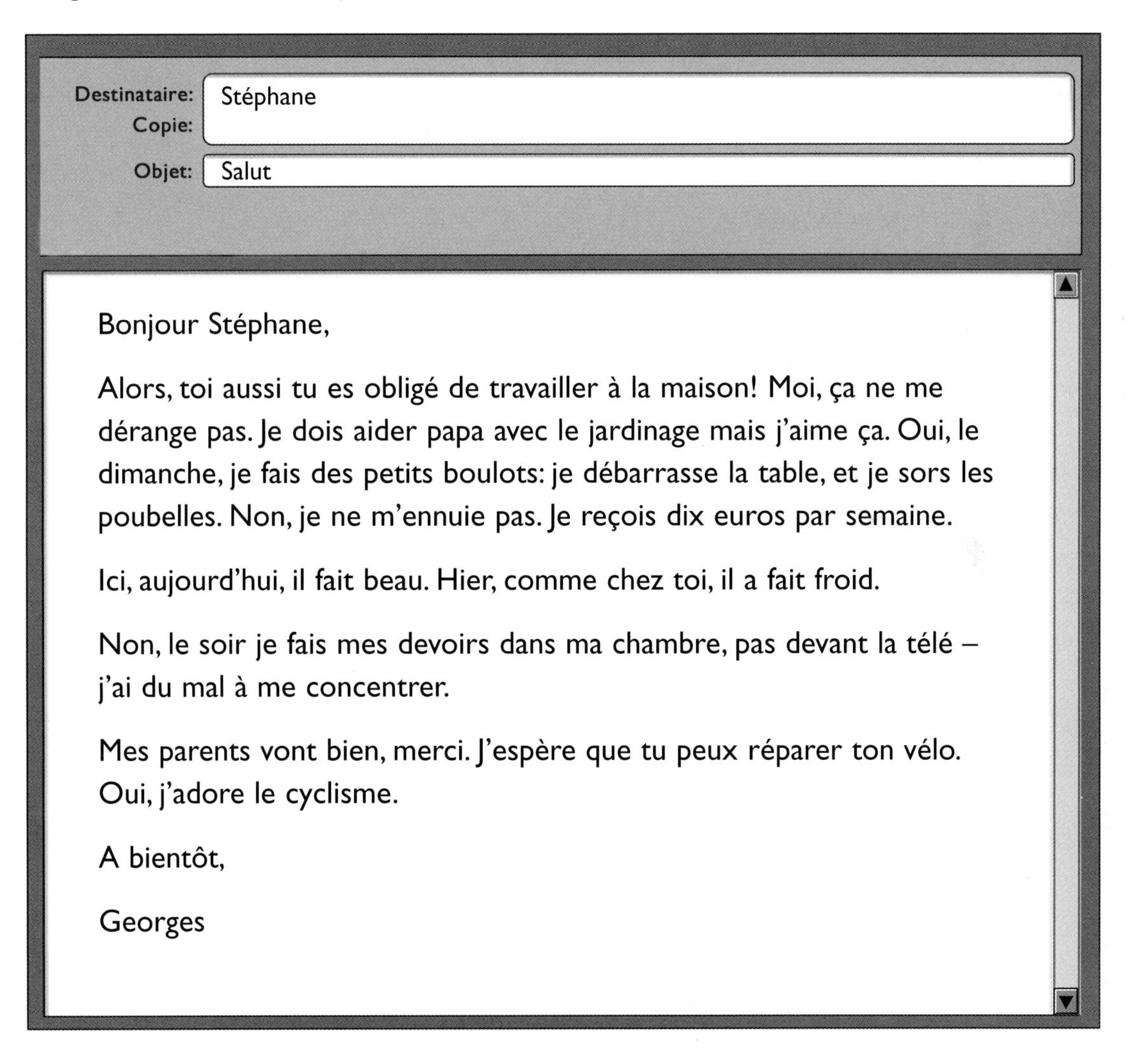

Destinataire: Stéphane
Copie:
Objet: Salut

Bonjour Stéphane,

Alors, toi aussi tu es obligé de travailler à la maison! Moi, ça ne me dérange pas. Je dois aider papa avec le jardinage mais j'aime ça. Oui, le dimanche, je fais des petits boulots: je débarrasse la table, et je sors les poubelles. Non, je ne m'ennuie pas. Je reçois dix euros par semaine.

Ici, aujourd'hui, il fait beau. Hier, comme chez toi, il a fait froid.

Non, le soir je fais mes devoirs dans ma chambre, pas devant la télé – j'ai du mal à me concentrer.

Mes parents vont bien, merci. J'espère que tu peux réparer ton vélo. Oui, j'adore le cyclisme.

A bientôt,

Georges

Exercice 2.16

Lis et écoute le dialogue puis travaillez à deux. Préparez et présentez le dialogue devant la classe.

Une conversation téléphonique

Mina.	Ciao Tochiko!
Tochiko.	Alors, tu parles italien maintenant?
Mina.	Oui – un mot! Pourquoi m'as-tu appelée?
Tochiko.	Où es-tu?
Mina.	Dans le jardin. Pourquoi?
Tochiko.	Qu'est-ce que tu vas faire samedi?
Mina.	Comme toi. On va nettoyer le garage, tu te rappelles?
Tochiko.	Ah oui. On ne peut pas aller au concert alors.
Mina.	Quel concert?
Tochiko.	Le concert en plein air de Danny Lefou à La Roche …
Mina.	Danny Lefou!!
Tochiko.	Oui, mais le garage …
Mina.	Pourquoi tu ne m'as rien dit? Danny à La Roche! … Ça commence à quelle heure?
Tochiko.	Midi et demi.
Mina.	On peut faire le nettoyage après!
Tochiko.	J'ai déjà acheté les billets.
Mina.	Je te déteste.
Tochiko.	Merci. A ce soir petite soeur.

ciao!	'hi' in Italian. Used occasionally in French, as in English.

Exercice 2.17

Avec un(e) partenaire, inventez une conversation téléphonique comme dans l'exercice 2.16. Changez les détails, et les noms. Préparez-la, et présentez-la.

Exercice 2.18

Voici quelques extraits de conversations avec des jeunes gens qui parlent des tâches ménagères qu'ils doivent faire. Lis les extraits puis décide lequel ou laquelle des jeunes a dit les phrases de la section B.

Section A

Luc D'habitude en été, s'il fait beau le mercredi après-midi, je tonds la pelouse pour maman. Nous sommes deux à la maison. Ma mère travaille à la pharmacie à plein temps, et le mercredi après-midi je suis libre. Elle me donne vingt euros par semaine. Ça me suffit.

Françoise Mes parents sont assez généreux, en effet. Ils me donnent quinze euros par semaine. Je suis obligée de ranger ma chambre, de mettre la table le matin pour le petit-déjeuner, mais à part ça on ne me demande pas grand'chose.

Marc J'ai treize ans, et je n'aime pas mettre les vêtements démodés ou bon marché que ma mère m'achète, mais je n'ai pas le choix. J'ai proposé de faire le ménage à la maison mais ma mère veut me donner seulement dix euros, donc ce n'est pas intéressant.

Jean-Paul Mon père est musicien, et moi je m'intéresse beaucoup aussi à la musique. On va ensemble acheter des partitions ou des cordes de violon, donc il comprend bien combien d'argent il me faut. Je ne dépense pas beaucoup – je suis trop radin! A la maison je fais le ménage et je m'occupe des animaux.

Sandrine J'ai une amie qui reçoit deux fois plus d'argent de poche que moi, mais elle doit acheter tous ses vêtements et son déjeuner à la cantine de l'école. Moi, je dois ranger ma chambre et celle de ma soeur qui a onze ans! Pour ça, on me donne vingt euros.

Section B

1. J'aime porter des vêtements chics, mais ils sont chers.
2. Je ne fais pas beaucoup mais mes parents me donnent assez d'argent.
3. Ma mère n'a pas le temps de travailler dans le jardin.
4. Je suis très content parce que mon père a les mêmes intérêts que moi.
5. Ma copine reçoit quarante euros par semaine.

 Décide lequel ou laquelle des jeunes a dit les phrases de la section C.

Section C

6. Un jour par semaine je rentre de l'école à midi.
7. Je mets les couteaux et les bols sur la table pour toute la famille.
8. Mon père n'habite pas avec nous.
9. Nous avons trois chats et c'est moi qui leur donne à manger.
10. J'ai voulu acheter un beau jean mais ma mère a dit que c'était beaucoup trop cher.

à plein temps	full time
ça me suffit	it's enough for me
démodé	unfashionable
bon marché	cheap
ensemble	together
la partition	piece of sheet music
la corde	string
le violon	violin
dépenser	to spend (money)
radin	mean

Celui et celle

Depending on how you would express yourself in English, these words can mean 'that' or 'the one', but sometimes just the 'apostrophe – s' at the end of a word. For example, you will have noticed the expression '*celle* de ma soeur' in Sandrine's paragraph above. It means 'that of my sister', 'the one belonging to my sister', or simply, 'my sister's (one)'.

Masculin	Féminin
celui	**celle**

Here are some examples:

Mon vélo est jaune; **celui** de Paul est bleu.
My bike is yellow; **that of** Paul is blue. (Or, Paul**'s** is blue)

La maison de Sabine est petite; **celle** de son amie est grande.
Sabine's house is small; **that** of her friend is big. (Or, her friend**'s** is big)

Exercice 2.19

Traduis en français:

1. Our table is blue but Paul's is red.
2. Sandrine's father is Italian but Martine's is French.
3. My T-shirt is green like Pierre's.
4. Charles's dog is noisy but Sophie's is calm.
5. Your newspaper is interesting; Dad's is boring!
6. My pen is black but the one on the table is grey.
7. Her towel is white but her sister's is blue.
8. Our car is a Peugeot but the one outside the house is a Renault.
9. Martine's swimming costume is blue but Mina's is green.
10. This dress is long but Mireille's is short.

noisy	bruyant
calm	calme
boring	ennuyeux

CD 15

Exercice 2.20

Ecoute le CD. Sabine raconte sa journée typique.

Ecris la lettre de la bonne réponse, comme dans l'exemple:

Je me lève à sept heures.

Réponse: c

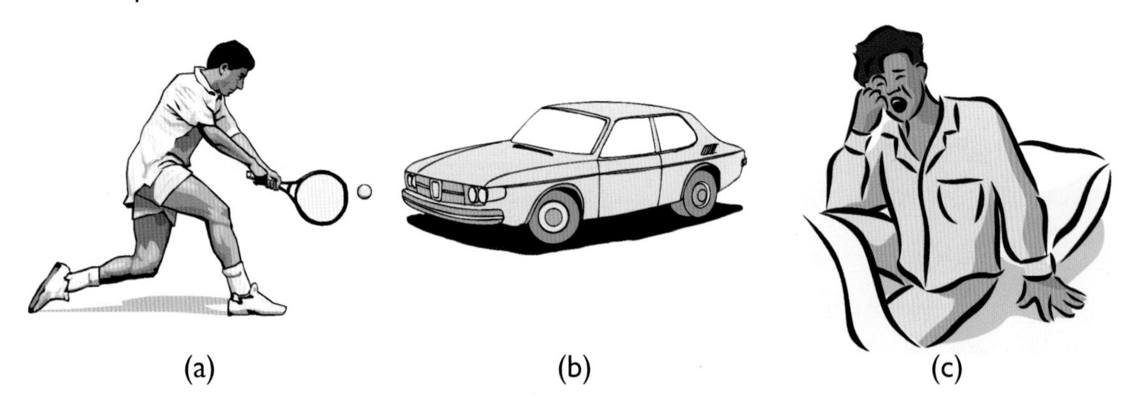

(a) (b) (c)

1.

(a)  (b)  (c)

2.

(a)  (b)  (c)

3.

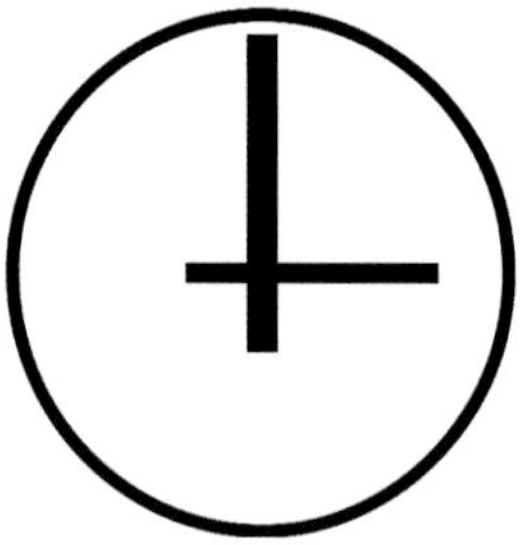

(a)  (b) 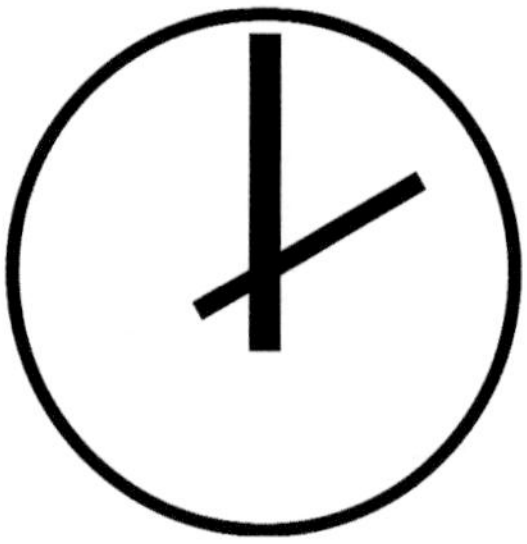 (c)

4.

(a) 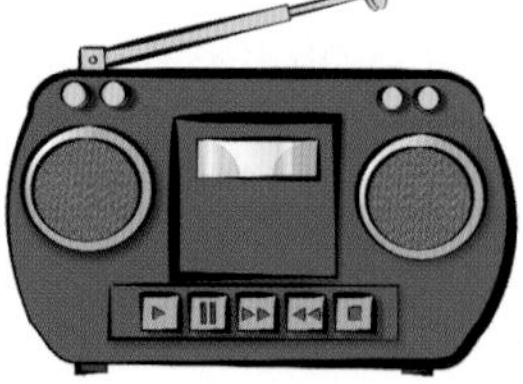 (b)  (c)

5.

(a)  (b)  (c)

Exercice 2.21

Ecoute ton / ta partenaire! Prends des notes. Quelle est sa routine de tous les jours?

Il ou elle doit mentionner:

1. à quelle heure il / elle se lève;
2. ce qu'il / elle prend pour le petit-déjeuner;
3. comment il / elle va à l'école;
4. ce qu'il / elle fait en rentrant à la maison;
5. une soirée typique à la maison.

 Pose des questions supplémentaires à ton partenaire:

6. Qu'est-ce que tu fais à la maison pour aider tes parents?
7. Qu'est-ce que tu as fait hier soir?
8. Combien d'argent de poche as-tu reçu la semaine dernière?
9. Qu'est-ce que tu vas faire ce week-end?
10. Quel est ton numéro de portable?

Note les réponses.

CD 16

Exercice 2.22

Dictée

The passage will be read to you as described in Exercise 2.4. Write down exactly what you hear. At the final reading remember to check your answer carefully.

Vocabulaire 2

Des mots indispensables de ce chapitre:

Les verbes

ajouter	to add
arroser	to water
changer (de ...)	to change (something)
couler	to flow
creuser	to dig
dépenser	to spend (money)
faire le tour (de ...)	to go around (something)
réparer	to repair
tomber en panne	to break down (of machinery)

Les noms

le bâtiment	building
la boîte aux lettres	letter box
la casserole	saucepan
la corde	string
la cuisinière	cooker
la fourche	garden fork
la montre	wristwatch
la pelle	spade
le placard	cupboard
le robinet	tap
le toit	roof
le trou	hole
le violon	violin

Les adjectifs

bon marché	cheap
bruyant (f. bruyante)	noisy
calme	calm, quiet
démodé (f. démodée)	unfashionable
en panne	'out of order' (not working), broken down (car, machinery)
ennuyeux (f. ennuyeuse)	boring
radin (f. radine)	mean

Les adverbes

à plein temps	full time
à temps	on time
de bonne heure	early
ensemble	together
tôt	early

D'autres expressions

autre chose	something else
ça me suffit	it's enough for me
ne t'en fais pas	don't worry

Vive la France!

Les 24 Heures du Mans

Une des courses d'automobiles les plus connues, les 'Vingt-quatre Heures du Mans', reste la plus rigoureuse. Les premières 24 Heures se sont déroulées en 1923; depuis, toutes les marques d'automobile les plus importantes du monde y sont présentes chaque année. La course des 24 Heures était à ses origines comme un banc d'essai pour le développement de toutes les technologies que nous connaissons depuis longtemps sur les voitures d'aujourd'hui – technologie de sécurité comme de vitesse et de performances. Même s'il semble maintenant que la promotion d'une marque de voitures est plus importante que le résultat de ce concours d'endurance, les 24 Heures représentent toujours quelque chose d'unique dans le monde du sport automobile.

C'est en 1925 que le célèbre départ – où tous les pilotes doivent se tenir à quelques mètres de leurs voitures pour y courir avant de démarrer – est né. Ce type de départ a duré jusqu'en 1969, lorsqu'on a décidé que c'était trop dangereux.

Le Mans se trouve dans le nord-ouest de la France, sur la rivière Sarthe. Le circuit des 24 Heures s'appelle *Arnage*.

(a) Qu'as-tu compris? Ecris quelques lignes en anglais sur *Les 24 Heures du Mans,* ou traduis le passage.

(b) Vrai ou faux?

1. La course des 24 Heures se déroule dans le nord de la France.
2. C'est une course facile qui n'est pas dangereuse.
3. Les 24 heures ont été importantes pour l'avancement de la technologie automobile.
4. On continue aujourd'hui à pratiquer le célèbre départ.
5. La première course automobile au Mans a eu lieu en 1925.

(c) Cherche dans le dictionnaire les mots français pour:

1. car (not voiture)
2. mirror (in a car)
3. north
4. accessory
5. the top prize in motor racing
6. fire extinguisher

Maintenant, prends les initiales de ces mots. Quel mot as-tu trouvé? Qu'est-ce que c'est?

Bravo!
Tu as fini le deuxième chapitre!

In the next chapter you will go on a little tour of Normandy and practise turning statements into the negative form and making them questions.

Chapitre 3

On fait un tour en Normandie

Exercice 3.1

Ecoute et lis le passage. Relis le passage à haute voix. Puis traduis en anglais.

Tochiko n'est jamais allée dans une ferme. Sa famille habite en Vendée, où il y a beaucoup de fermes, mais leur maison est à La Roche-sur-Yon, une grande ville, et elle veut aller en Normandie visiter une ferme où on fabrique du fromage! Fin octobre, c'est la Toussaint, et elle va avoir dix jours de vacances. Son père travaille cette semaine-là, alors sa mère lui propose de passer les vacances avec ses frères et soeurs dans une ferme à Pont-l'Evêque, où on produit un fromage célèbre. Elle trouve un site internet où on promet de trouver des chambres dans une ferme-auberge en Normandie. Les enfants sont ravis, surtout Marie-Christine, qui veut dessiner des animaux. Il faut trouver une ferme où son fauteuil roulant va passer facilement!

Après deux heures de recherche, la mère de Tochiko trouve l'adresse d'une ferme idéale où elle peut louer des chambres, dont une au rez-de-chaussée pour Marie-Christine. Heureusement, maman aime conduire, parce que Pont-L'Evêque est à trois heures de route de chez elle.

Exercice 3.2

Lis le passage de l'exercice 3.1 et puis réponds en anglais:

1. Why has Tochiko never been to a farm?
2. Which sort of farm would she like to visit?
3. How much holiday does she have in October?
4. What will Marie-Christine do at the farm?
5. Why is it difficult to find the right sort of place for the family to stay?

Exercice 3.3

Dans le passage (l'exercice 3.1), trouve les expressions françaises pour:

1. has never been
2. where they make
3. that week
4. her mother suggests to her that they spend the holidays
5. they promise to find
6. she can rent
7. fortunately
8. three hours' drive away

Exercice 3.4

Traduis en français:

1. I have never been to Paris.
2. It's a village where they make good bread.
3. I'm in London that week.
4. I suggest to you that we play tennis.

5. She promises to come to dinner.

6. My aunt's friend has never been to the château.

7. We saw a town where they make violins.

8. Unfortunately, she is at home that evening.

9. My dad promises to buy me a new pen.

10. Can you find the village?

Traduis en français:

11. They cannot rent the chalet.

12. It is in a town where they build cars.

13. The sea is an hour's drive away.

14. Mum suggests to me that we go shopping.

15. My brother Thomas was in Italy that day.

conduire	to drive
produire	to produce
construire	to build
la ferme-auberge	farmhouse taking paying guests
un fauteuil roulant	wheelchair
louer	to rent, to hire

Les verbes: conduire

The verb **conduire** is another of those slightly tricky verbs which it is worth learning by heart.

conduire = to drive, to lead

je conduis	nous conduisons
tu conduis	vous conduisez
il conduit	ils conduisent

participe passé: conduit

Verbs which act like conduire:

produire = to produce
traduire = to translate
construire = to build, to construct

Transformations: comment mettre des phrases à la forme négative et à la forme interrogative

As you become better at French, and use past and future verbs as well as present ones, it is important to know how to change them to make questions and negative questions. To do this, you simply have to:

- **spot the auxiliary verb**
- **make all the changes to this auxiliary verb**

Let us try a few examples. First, making a passé composé expression negative. We are going to change 'You looked' into 'You did not look'.

Tu as regardé

In this phrase, 'as' is the auxiliary verb because it is the one going with the subject 'tu'. So we put 'ne' and 'pas' around 'as', then add 'regardé':

Tu n'as pas regardé

Now, we are going to make a question in the passé composé without using est-ce que.

Simply make the auxiliary verb a question, by turning the subject and verb around, putting a hyphen between the words. Thus, 'you have', 'he has', 'she has', become 'have you?', 'has he?', 'has she?':

Tu as regardé > As-tu regardé?

N.B. With il a and elle a, -t- is inserted to make the phrase easy to pronounce. This is necessary when the verb ending before il or elle is a vowel:

Il a regardé > A-t-il regardé?

Elle a regardé > A-t-elle regardé?

Elle est arrivée > Est-elle arrivée?

Note that there is no need to add -t- after est as est ends in 't' already.

Lastly, you just combine these rules to make a negative question (haven't you ..., didn't they ...? etc.):

Tu as fini	>	Ils sont partis
N'as-tu pas fini?	>	Ne sont-ils pas partis?

The same goes for the future, using **aller + infinitive**. You do all the changing to the **aller** part, then add the infinitive last:

Vous allez sortir	>	Allez-vous sortir?	>	N'allez-vous pas sortir?

Sommaire: le passé composé et le futur immédiat, à la forme négative et à la forme interrogative:

Rules
1. Make all the changes to the auxiliary verb (avoir, être or aller).
2. Add the past participle or infinitive.

Exercice 3.5

Ecris ces phrases au passé composé:

1. Je conduis la voiture en Normandie.
2. Nous produisons de bons fromages.
3. Elle construit une maison en pierre.
4. Tu traduis le poème en anglais.
5. Marcel traduit l'affiche en français.
6. Ils produisent de l'huile d'olives.
7. Marie-Christine conduit la voiture de papa.
8. On ne produit pas de beurre ici?
9. Monsieur Moulin construit la chaumière en 1911.
10. Je traduis les menus pour mon correspondant.

 Ecris ces phrases au passé composé:

11. C'est toi qui conduis la voiture?
12. Non, je ne conduis jamais.
13. Qui construit ces maisons?
14. Il ne traduit pas très bien – on ne comprend toujours pas!
15. Dans quelle ville produit-on le Calvados?

Exercice 3.6

Ecris les phrases 1 à 5 à la forme interrogative et 6 à 10 à la forme négative:

1. Ils ont terminé leur repas.
2. Elle a choisi une ferme-auberge.
3. Nous avons rempli le formulaire.
4. Tu as vendu la maison.
5. Vous avez vu l'hôtel.
6. Nous avons acheté le bracelet.
7. Il a aimé mon dessin.
8. Elles sont descendues.
9. Vous êtes restés.
10. Il est tombé.

 Ecris ces expressions à la forme interrogative, puis à la forme négative:

11. Il a éteint la radio.
12. Elles ont lu le menu.
13. J'ai sorti les poubelles.
14. Vous avez passé l'aspirateur.
15. Tu es arrivé en retard.

CD 18

Exercice 3.7

Ecoute le dialogue. Avec un(e) partenaire, préparez et présentez le dialogue.

La famille est arrivée à Pont-L'Evêque à midi, après un long voyage en auto. Tout le monde était très content de pouvoir enfin descendre de la voiture. Maman a conduit rapidement sur l'autoroute, mais en ville elle avait du mal à trouver l'office de tourisme. En arrivant, elle était fatiguée.

Maman.	Ouf! Ces petites rues! On est où?
Tochiko.	Rue Saint-Michel. Tiens! Voilà l'Office de Tourisme!
Maman.	Tu crois qu'on a le droit de stationner ici?
Tochiko.	Mais oui. Vas-y! *(Tochiko descend de la voiture et entre dans l'Office de Tourisme)*
Employée.	Bonjour!
Tochiko.	Bonjour madame. Puis-je avoir des informations sur la ville?
Employée.	Mais bien sûr. Voici des dépliants. Il y a toutes sortes d'informations. Voulez-vous autre chose?
Tochiko.	Un plan de la ville, s'il vous plaît. C'est combien?
Employée.	C'est gratuit, mademoiselle.
Tochiko.	Merci, madame. Au revoir!
Employée.	Au revoir!

nous voici	here we are
avoir le droit de (+ inf.)	to be allowed to, to have the right to
stationner	to park
vas-y!	go on!
le dépliant	leaflet
autre chose	something else
puis-je?	may I?

Exercice 3.8

Réponds aux questions en anglais:

1. What happened at lunchtime?
2. What was everyone very happy to do?
3. How did Tochiko's mum drive?
4. How easy was it to find the tourist office?
5. How much did Tochiko have to pay for the map?

Exercice 3.9

Below is what happened next in the story, told by Tochiko.

Quand je suis revenue à la voiture, j'ai vu mon frère Pascal qui était en train de téléphoner. Maman n'était pas dans la voiture. Marie-Christine regardait dans la direction de l'église ...

1. Copy these lines and invent the next few lines of the story. Try to write five lines. If you are confident with the past tenses, use them.

2. Invente un paragraphe de cinq lignes où tu utilises tous les verbes suivants au passé composé, ou à l'imparfait:
    - arriver
    - stationner
    - sortir
    - être
    - demander

Exercice 3.10

Try this role play and then listen to the model answer on the CD.

Tu es à l'Office de Tourisme à Pont-L'Evêque. Le professeur est l'«employé(e)».

	Toi	**Professeur / employé(e)**
1.	Ask if there are any restaurants.	
		Oui monsieur / mademoiselle. Voici une liste.
2.	Say thank you. Say you and your friends are hungry.	
		Il y a un bon bistro ici en face. Préférez-vous la cuisine italienne ou française?
3.	Answer the question.	
		Alors, je propose Chez Laura, rue Saint-Michel.
4.	Ask if you have to pay to park the car.	
		Non, c'est dimanche.
5.	Say tomorrow you are going to visit a farm.	
		J'espère qu'il va faire beau.

Exercice 3.11

Lis le passage and puis réponds aux questions.

On discute dans la voiture, pour décider où manger. Il faut vite trouver un restaurant, parce qu'il est déjà midi et demi, et la famille de Tochiko est nombreuse. Maman dit qu'elle est allée prendre une photo de l'église et qu'il y avait une pizzeria dans une petite rue à côté. Pascal et Mina adorent les pizzas, mais les autres choisissent des moules marinière. Maman mange des tagliatellis à la sauce forestière et elle boit de l'eau.

Après le repas, on remonte dans la voiture et on part à la recherche de la ferme-auberge. Elle s'appelle La Colombière. Elle se trouve à 6 km de Pont-L'Evêque et s'annonce «facile à voir de la route». Une demi-heure plus tard, maman tourne à droite et la famille se trouve sur une longue avenue bordée d'arbres au bout de laquelle on voit enfin la ferme.

bordé de	lined with
au bout de laquelle	at the end of which
la sauce forestière	sauce with mushrooms

Réponds aux questions en français:

1. Pourquoi y a-t-il une discussion dans la voiture?
2. Comment est-ce que maman a trouvé la pizzeria?
3. Qui aime les pizzas?
4. Le déjeuner fini, que fait la famille?
5. Comment s'appelle la ferme-auberge?

Pourquoi penses-tu que maman a mis une demi-heure à faire six kilomètres de route? Ecris deux ou trois lignes.

Exercice 3.12

Tochiko parle de ses vacances à Martine au téléphone. Choisis la version correcte de chaque phrase, et copie-la.

1. Salut!
   Comment es-tu? / Comment vas-tu? / Comment as-tu?
2. Nous avons arrivé / Nous sommes arrivés / Nous allons arrivé
3. Il fait froid / Il est froid / Il a froid
4. mais le soleil est brille / mais le soleil est brillant / mais le soleil brille
5. et je suis contente. / et je suis content. / et j'ai content.
6. Il y est des animaux / C'est des animaux / Il y a des animaux
7. partout. / surtout. / tout le monde.
8. Peux-tu … téléphoner moi / me téléphoner / me téléphone
9. sur jeudi? / en jeudi? / jeudi?
10. Avoir! / Auvoir! / Au revoir!

 Traduis en français:

11. I am well, thank you.
12. They (f.) arrived yesterday.
13. It is quite warm.
14. … but the sun is not shining now.
15. Can you phone me on Saturday (of) next week?

Exercice 3.13

Le langage des SMS est un peu spécial! Tu viens d'arriver en vacances. Il pleut, mais il fait chaud. Tu reçois un SMS sur ton portable.

**Salu! JSpR ke tu va bi1.
qd étu AriV? kel temps
fé til? Jé 1 Vlo 9, sé Gnial.
@2m1, dak? bizz, Marie**

Essaie de répondre au message de la même façon! Si tu ne comprends pas, demande à ton prof de te dire le même message en français soutenu.

langage	type of language used in particular situations
un SMS	text message
le français soutenu	everyday 'standard' French
neuf	brand new
bises	love from (literally, kisses)
de la même façon	in the same way

Exercice 3.14

Ecoute le dialogue et puis réponds aux questions.

Tochiko.	Ça y est! On est arrivés. C'est beau!
Maman.	Ah oui, ça valait la peine de venir!
Marie-Christine.	C'est génial! Toch', tu m'aides à descendre!
Tochiko.	D'accord, mais attention à la boue!
Marie-Christine.	Il y a toutes sortes d'animaux!
Tochiko.	Il y a des chèvres, des moutons ...
Maman.	Où ça?
Tochiko.	Là-bas, au-delà du mur, dans le champ.
Marie-Christine.	Combien d'animaux différents voyez-vous?
Tochiko.	Il y a un chien ... non, deux! Je vois un chat aussi. Et des oies.
Maman.	Dans l'écurie, il y a des chevaux. Dans la basse-cour il y a des poules avec leurs poussins, et je vois deux petits cochons.
Marie-Christine.	Et des vaches dans les champs. Est-ce que c'est une laiterie ici?
Maman.	Je ne crois pas. Peut-être que les vaches appartiennent à la ferme voisine.
Tochiko.	Voilà la dame qui arrive.

ça valait la peine	it was worth the trouble
la boue	mud
la chèvre	goat
le mouton	sheep
au-delà de	beyond
le champ	field
une écurie	stable
la laiterie	dairy farm
appartenir	to belong
voisin	neighbouring
la poule	hen
le poussin	chick
une oie	goose
la basse-cour	farmyard

Réponds aux questions en anglais:

1. What is the family's first impression of the ferme-auberge?
2. What does Marie-Christine ask Tochiko to do?
3. What is Tochiko's response?
4. Where are the sheep and goats?
5. What animals can they see in the farmyard?

Exercice 3.15

Lis le passage.

La famille **arrive**. Tochiko descend, puis elle aide Marie-Christine. Marie-Christine a besoin de son fauteuil roulant. Maman le sort de la voiture. Pascal ne fait pas attention à la boue. Il court partout dans la basse-cour. Il voit beaucoup d'animaux. Mina compte douze animaux différents, dont elle écrit les noms dans son carnet. Marie-Christine est impatiente de dessiner. Elle veut commencer tout de suite, mais la famille va faire une promenade avant de prendre un bain et se changer pour le dîner.

Repère les verbes. Fais une liste des verbes, mais n'écris pas les infinitifs. A côté de chaque verbe, écris la mention 'présent' et '1er / 2e / 3e groupe', ou 'irrégulier'.

Exemple:

1. arrive	présent	1er groupe

Exercice 3.16

1. Donne l'infinitif de tous les verbes dans ta liste.

2. Ecris le passage de l'exercice 3.15 au passé composé.

Exercice 3.17

Ecris le verbe **appartenir** (to belong) au présent, en toutes lettres.

Exercice 3.18

A la ferme il n'y a pas d'ordinateur! Il n'y a pas de télé! Alors, il faut lire et écrire!

Imagine que tu es Pascal ou Mina. Ecris une carte postale à ton ami(e). Décris:

- l'arrivée;
- le temps qu'il fait;
- la basse-cour de la ferme.

N'oublie pas: **Cher / Chère** (…); et (par exemple) **Amitiés** à la fin.

Exercice 3.19

On holiday in a ferme-auberge, while the owner is out, you accidentally break a window in your bedroom in the farmhouse. Write a note explaining what happened. Here is the minimum vocabulary you will need:

désolé(e)	sorry
briser	to break (e.g. glass)
un vitre	a pane of glass
lancer	to throw
le bord de la fenêtre	windowsill
tout remettre* en ordre	to tidy *everything* up
coûter	to cost

* remettre goes like mettre

Exercice 3.20

1. Réécris l'histoire dans le bon ordre:

   Marie-Christine n'aimait pas le sorbet.
   Maman a pris du café, mais pas les enfants.
   Le plat principal était du boeuf en croûte avec des carottes.
   Après l'assortiment de fromages normands on a pu choisir un dessert du buffet.
   En entrée, on nous a proposé un filet de turbot sur un lit d'asperges.
   Avant le fromage on a mangé une salade.
   Pour nous préparer pour la viande, il y avait un sorbet à la pomme au Calvados.
   Hier soir, on a mangé à la ferme.

le sorbet	sorbet (often served before the main course)
en croûte	cooked in a pastry casing
normand	Norman (i.e. from Normandy)
on nous a proposé	we were offered
les asperges	asparagus
le Calvados	Normandy apple brandy

2. Traduis l'histoire en anglais.

CD 21

Exercice 3.21

Dictée

The passage will be read to you as described in Exercise 2.4. Remember to check your answer carefully.

Vocabulaire 3

Des mots indispensables de ce chapitre:

Les verbes

appartenir	to belong
briser	to break
conduire	to drive, to lead
construire	to build
coûter	to cost
lancer	to throw
louer	to rent; to hire
produire	to produce
remettre en ordre	to tidy up

Les noms

la basse-cour	farmyard
le bord de la fenêtre	windowsill
la boue	mud
le champ	field
la chèvre	goat
une écurie	stable
la ferme-auberge	farmhouse taking paying guests

la laiterie	dairy farm
le langage	type of language used in particular situations
le mouton	sheep
une oie	goose
la poule	hen
un SMS	text message
la vitre	pane of glass
Les adjectifs	
bordé de	lined with
désolé (f. désolée)	sorry
neuf (f. neuve)	brand new
normand (f. normande)	Norman
voisin	neighbouring
D'autres expressions	
au bout de laquelle	at the end of which
au-delà de	beyond
autre chose	something else
ça valait la peine	it was worth the trouble
de la même façon	in the same way
nous voici	here we are
on nous a proposé	we were offered
vas-y!	go on!

Vive la France!

La Grotte de Lascaux

Un des sites historiques les plus remarquables du monde, la Grotte de Lascaux se trouve dans le Périgord. Sur le plan archéologique, la découverte de cette grotte est relativement récente. Quatre adolescents qui se promenaient dans les bois au-dessus du Manoir de Lascaux, ont été les premiers, depuis des dizaines de milliers d'années, à découvrir grâce au faisceau lumineux de leur lampe, les peintures magnifiques de cette grotte. C'était le jeudi 12 septembre 1940. La 'galerie' qu'ils avaient trouvée s'était ouverte après la chute d'un grand pin.

Ils ne savaient pas que leur trouvaille serait une des découvertes archéologiques les plus importantes du vingtième siècle.

Les peintures représentent principalement des animaux: surtout des taureaux, mais aussi des chevaux. Conservées si longtemps à l'abri de la lumière, les couleurs de ces peintures restent remarquablement fraîches. Ce n'est pas difficile de visiter la Grotte de Lascaux: elle se situe à Montignac, pas très loin de l'autoroute A89.

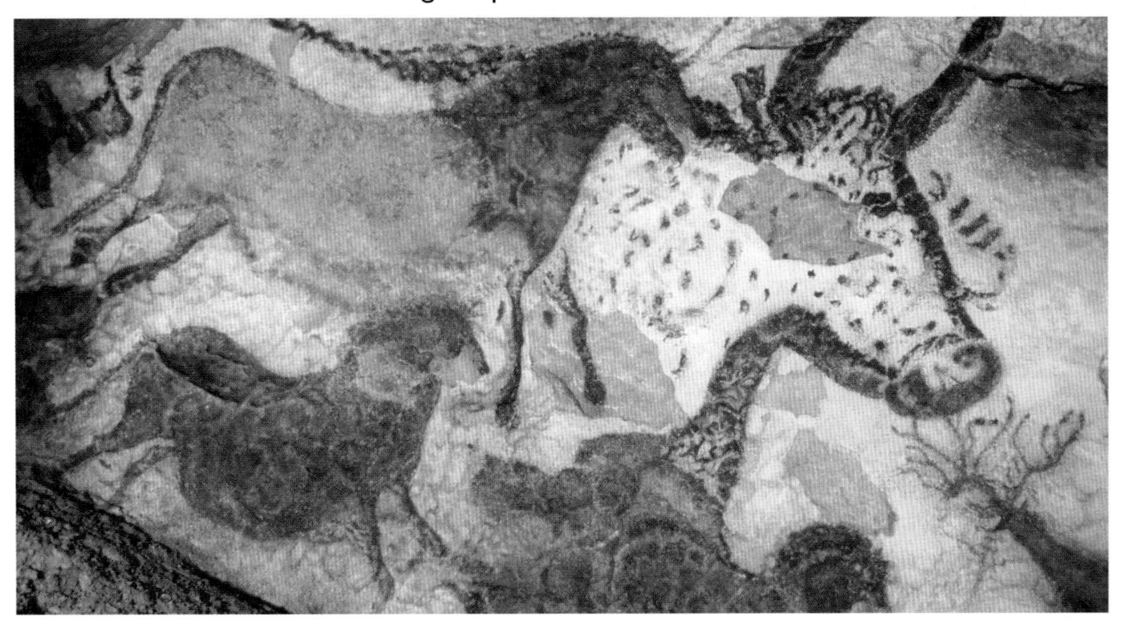

Peinture dans la Grotte de Lascaux

(a) Qu'as-tu compris? Ecris quelques lignes en anglais sur *La Grotte de Lascaux,* ou traduis le passage.

(b) Vrai ou faux?

1. La Grotte de Lascaux est un site préhistorique.
2. La Grotte a été découverte par des archéologues.
3. La découverte de la grotte remonte* au vingtième siècle.
4. Quand un arbre est tombé, la grotte s'est ouverte.
5. Il y a plus d'êtres humains que d'animaux dans les peintures.

(c) Imagine une conversation téléphonique. C'est toi qui as découvert la Grotte de Lascaux. Tu cours au bureau de poste et tu téléphones à tes parents. Ecris cinq lignes!

* remonte = goes back (in time); dates back

Bravo!

Tu as fini le troisième chapitre!

In the next chapter you will prepare to go back to school and to talk about your free-time activities. You will also have a good look at how pronouns behave.

Chapitre 4

Novembre en Normandie

Exercice 4.1

Ecoute le passage et puis traduis en anglais.

De retour à la maison, Tochiko et ses frères et soeurs se sont préparés pour rentrer de nouveau au collège. Ils se sont amusés en Normandie, et ils se sont fait de nouveaux amis – y compris des animaux! Ils ont appris beaucoup sur la vie à la campagne qui est tout à fait le contraire de la vie citadine. Ils ont fait des activités qu'ils n'ont jamais eu la chance de pratiquer chez eux.

Georges et Martine, eux, ont passé les vacances de la Toussaint chez eux, mais ils sont beaucoup sortis et ils sont allés visiter un vignoble du Val de Loire.

Tous les jeunes se retrouvent à l'école.

Exercice 4.2

Ecoute le dialogue et puis réponds aux questions.

Martine. Quand est-ce que vous êtes rentrés?
Tochiko. Hier soir. On est arrivé en retard, il y avait un bouchon sur l'autoroute.
Martine. C'était un dimanche soir de fin de vacances, c'est normal.
Tochiko. Tu as raison. Merci pour les SMS!
Martine. Et pour les tiens. C'était dingue, maman n'a rien compris, ça l'a embêtée!
Tochiko. Qu'est-ce qu'on a ce matin?
Martine. Attends. Deux heures de maths, puis anglais avant le déj.
Tochiko. Ça tombe bien. Je suis en pleine forme pour le calcul et le prof d'anglais va nous demander de raconter ce qu'on a fait la semaine dernière.
Martine. Oui, mais en anglais …
Tochiko. Pas de problème. *I went in a farm …*
Martine. Quel talent! Moi, je ne suis pas forte en anglais.

le bouchon	traffic jam (originally: cork in a bottle)
embêter	to irritate
le déj	popular abbreviation of **le déjeuner**
ça tombe bien	that's worked out nicely
le calcul	arithmetic

Réponds en français:

1. Tochiko et sa famille sont rentrées lundi, dimanche ou samedi?
2. Un 'bouchon' sur l'autoroute: qu'est-ce que c'est?
3. Pourquoi maman n'a-t-elle pas compris les SMS de Tochiko?
4. Qu'est-ce que les jeunes filles vont faire avant de manger à midi?
5. Pourquoi est-ce que Martine pense que le cours d'anglais va être difficile?

Exercice 4.3

Pascal écrit un e-mail à son copain. Il y a dix erreurs. Donne la ligne de chaque erreur, le mot incorrect et la version correcte, comme dans l'exemple:

Destinataire: Henri
Copie:
Objet: Salut

Salut Henri

Je suis **rentrez** à la maison. Aujourd'hui, c'est lundi et on est en classe.
On est aller en Normandie à une ferme. Il y avez plein d'animaux. Mon
animal préférer, c'est le cheval. Il a fait chaud mais il a plus tout les
jours. Maman et Tochiko n'était pas contente. Il n' avait pas de télé
donc on a dû lire, écrire ou dessiner. On a fais des promenades et
Marie-Christine as dessiné les oies est les cochon.

Réponds-moi vite

Pascal

Exemple:

Ligne	*erreur*	*version correcte*
2	rentrez	rentré

Les activités: rappel

Here are some verbs which we use with various activities. Note that jouer is used when playing 'at' the sport, or in the case of a musical instrument when playing 'of' the instrument. Faire is used where in English we use 'go' (e.g. to go swimming). However, aller is used in the phrase 'to go fishing' (aller à la pêche).

jouer + au, à la, à l', aux
jouer + du, de la (for a musical instrument)
faire + du, de la, de l', des
aller + au, à la, à l', aux

Now let's practise using these verbs in tenses other than the present. Remember, activities with aller are in a small minority.

Exercice 4.4

Ecris ces phrases au passé composé:

1. Martine joue au squash.
2. Georges joue de la clarinette.
3. Ils font du cyclisme.
4. Les enfants vont à la pêche.
5. Georges fait de la natation.
6. Martine fait de l'escalade.
7. Toute la famille fait des promenades en forêt.
8. Nous jouons au tennis de table.
9. La mère de Martine joue aux échecs avec la propriétaire.
10. Georges et Martine jouent au badminton.

Exercice 4.5

Ecris ces phrases à l'imparfait, comme dans l'exemple:

Mon copain jou**ait** du piano.

1. Maman (jouer) au tennis.
2. Le père de Georges (faire) de l'équitation.
3. Mon frère (jouer) au golf.
4. Quand il était jeune, il (faire) de la planche à voile.
5. Georges et Paul (faire) de la voile,
6. Sa mère (écouter) la radio.
7. Ma mère (faire) du vélo avec papa.
8. La soeur de Paul (jouer) au foot avec ses amies.
9. Pierre (faire) du ski tous les ans.
10. Sophie et Pierre (jouer) aux boules au village.

11.-15. Ecris les réponses 1. à 5. à la forme négative.

Exercice 4.6

Traduis en français. Utilise le passé composé ou l'imparfait selon* le sens de la phrase.

1. My mother used to play tennis.
2. Georges and Martine were cycling.
3. Tochiko played squash yesterday.
4. My brothers were playing football.
5. You (s.) went horse-riding on Sunday.

* *according to*

 Traduis en français.

6. Pascal was swimming in the pool.
7. Pierre went skiing last winter.
8. Martine went climbing on Thursday.
9. The Simonneau family used to play boules.
10. You (pl.) were going for a walk.

Les pronoms possessifs

These possessive pronouns enable you to say mine, yours, his / hers / one's, ours and theirs.

	masc. sing.	fem. sing.	masc. pl.	fem. pl.
mine	le mien	la mienne	les miens	les miennes
yours	le tien	la tienne	les tiens	les tiennes
his / hers / one's / its	le sien	la sienne	les siens	les siennes
ours	le nôtre	la nôtre	les nôtres	les nôtres
yours	le vôtre	la vôtre	les vôtres	les vôtres
theirs	le leur	la leur	les leurs	les leurs

These words are used quite often in comparisons. Even if the whole lot together look rather formidable, look again and they really are very logical and quite easy to remember.

As you would expect, the pronoun has the same number (singular or plural) and gender (masculine or feminine) as the noun it replaces.

As ever, practice makes perfect! Here are a few examples:

Sa maison est petite, mais **la nôtre** est assez grande.
Paul a une nouvelle voiture; **la sienne** est plus belle que **la mienne**.
Dans mon jardin il y a de belles fleurs; qu'est-ce qu'il y a dans **le tien**?

Exercice 4.7

Now try a few for yourself. We will start with some easy ones. Make up a second part to each sentence.

1. Ma voiture est bleue;
2. Notre salle à manger est blanche;
3. Ton vélo est rapide;
4. Ma guitare est italienne;
5. Ta mère est généreuse;

6. Regarde autour de toi. Repère cinq objets. Fais des comparaisons. Ecris cinq phrases avec des pronoms possessifs, comme dans l'exemple:

   un cahier
   Le cahier de Harry est nouveau; le mien est vieux.

repérer	to spot, to notice

CD 24

Exercice 4.8

Ecoute le dialogue et puis réponds aux questions.

Martine, Tochiko et Sabine discutent dans la cour du collège après le déjeuner.

Martine.	Vous avez bien mangé?
Tochiko.	Ce n'était pas mauvais. Ma côte de porc était un peu dure.
Sabine.	La mienne aussi. C'était un peu dégoûtant. Tu as pris quoi, Martine?
Martine.	J'ai pris une salade. La vinaigrette était fade.
Sabine.	Pas comme la cuisine à la ferme, hein Tochiko?
Tochiko.	Ecoute. On a mangé des plats incroyables, préparés par une vraie experte …
Martine.	Bon d'accord. Si on parlait d'autre chose?
Tochiko.	… tous les soirs de nouvelles découvertes gastronomiques…
Sabine.	Arrête! Ça suffit! Où sont les garçons?
Tochiko.	Georges, je ne sais pas. Pascal jouait au foot tout à l'heure, sur le terrain du stade.
Sabine.	Je l'ai vu ce matin. Il a dit qu'il s'était fait de nouveaux amis en Normandie.

Tochiko.	Il y avait une famille à l'auberge avec nous. Des parisiens.
Sabine.	Ah bon. Sympa?
Tochiko.	Oui. Deux frères. Ils se sont tout de suite bien entendus avec Pascal.
Sabine.	Qu'est-ce qu'ils ont fait?
Tochiko.	Des tas de choses. Ils ont fait des randonnées, ils ont fait du VTT dans la forêt, ils ont fait de l'escalade. Moi aussi!

la côte de porc	pork chop
fade	tasteless
la découverte	discovery
le terrain	land, games pitch
le stade	sports ground
s'entendre (avec quelqu'un)	to 'get on' (with someone)
la randonnée	hike

Réponds aux questions en anglais:

1. What did Tochiko think of her pork chop?
2. How do we know the girls are fed up with hearing how good the food was on Tochiko's holiday?
3. What does Tochiko say to further tease them?
4. Where were the boys playing football?
5. What did Pascal say about Normandy?
6. How did he get on with the brothers he met there?
7. What outdoor activities did they all do, apart from using mountain bikes?

Exercice 4.9

Dans le dialogue de l'exercice 4.8, cherche les expressions françaises pour:

1. It was horrible.
2. What did you have?
3. Not like the cooking at the farm.
4. Right, OK.

5. That's enough!
6. Why don't we talk about something else?
7. I don't know about Georges.
8. I saw him this morning.
9. Some new friends.
10. Lots of things.

Exercice 4.10

Après la correction de l'exercice 4.9, traduis ces expressions en français:

1. It was delicious.
2. What did you drink?
3. Not like the walks at the beach.
4. Why don't we play tennis?
5. Why don't we phone Christine? *(Attention! ... phone to Christine)*
6. Why don't you (s.) buy that T-shirt?
7. I don't know about you (pl.).
8. We saw it (m.) yesterday evening.
9. Some old buildings.
10. Some big cars.

Traduis en français:

11. It wasn't difficult.
12. What did you (pl.) see?
13. Why don't we go home?
14. He cleaned it (f.) this morning.
15. Some important people.

Les pronoms d'objet direct et le passé composé

Sentences like 'I saw *him*' and 'we looked at *them*' use the passé composé and an object pronoun. To construct these sentences, you must follow a formula:

The object pronoun (him, her, etc.) (A) goes *before* the auxiliary (avoir) (B), and then you add the past participle (C).

	(A)	(B)	(C)	
Nous	**l'**	avons	trouvé.	We have found him / it.

As you can see, the only difference from English is *where* you put the object pronoun:

I bought it (m.).	Je l'ai acheté.
We have seen him.	Nous l'avons vu.
She has read it (m.).	Elle l'a lu.

We call the purple parts the **Preceding Direct Object** (PDO).

When the PDO is feminine, plural or both, extra endings have to be added on to the past participle, to show the agreement, just as an adjective agrees with a noun.

I bought it (f.).	Je l'ai achetée.
We have seen her.	Nous l'avons vue.
She has read them (m. pl.).	Elle les a lus.
She has read them (f. pl.).	Elle les a lues.

This is one of the joys of French, which you need to remember especially when doing dictée, and which can enable you to work out at a glance if one is talking about a male or a female person. Look at the following example:

En entrant dans la salle de classe, je **l'**ai regardée.

We can tell that the person entering the class saw 'her' (and not 'him') because the word regardée is feminine.

This rule applies to direct objects m', t', nous and vous too. Tochiko would write 'Il m'a vue' because the m' is referring to her.

Exercice 4.11

Traduis en anglais:

1. Je les ai vus.
2. Nous les avons regardés.
3. Tu l'as écrit.

4. Vous l'avez cherché?

5. Maman les a écoutés.

6. Martine l'a goûté.

7. Je l'ai interrogée.*

8. Tu m'as vu.

9. On les a rangés dans le placard.

10. Papa l'a consulté.

Traduis en anglais:

11. Tu les as mangés.

12. On vous a rencontrés la semaine dernière.

13. Il m'a appelé avant le déjeuner.

14. Nous l'avons acheté.

15. Sophie les a trouvées.

* interroger = to question

Exercice 4.12

Traduis en français:

1. He found it (f.).

2. She met them (m.).

3. I saw her.

4. She read it (f.).

5. You wrote it (f.)

6. We questioned them (m.).

7. You (pl.) called us yesterday.

8. They (m.) bought it (f.).

9. You have put them (m.) away.

10. He tasted them (m.).

Exercice 4.13

In the two exercises above, which past participle actually has its *sound* changed by adding –e?

Exercice 4.14

De retour à l'école, Georges a écrit un e-mail à Peter en Angleterre. Copie le texte, en remplissant les blancs avec des mots de la case, comme dans l'exemple.

Destinataire: Peter
Copie:
Objet: Ta lettre

Salut Peter,

Merci pour ta lettre. Je l'ai ... **reçue** ... mardi matin. Tu m'as demandé de t'envoyer les belles photos de ta maison. Tu les as .... sur la commode de ta chambre. Je les ai .... ce matin quand je suis .... en ville. Maman a cherché ton stylo. Elle l'a .... sous la table. Elle l'a .... à Martine.

A bientôt,

Amicalement,

Georges

reçu	**reçue**	laissés	laissées	envoyés	envoyées
allé	allée	trouvé	trouvée	donnée	donné

Les pronoms d'objet direct et le passé composé (suite)

PDOs also come before the word '**que**': the house **that** you saw, the texts **that** you sent, etc.

The same rules apply:

la maison **que** tu as vue,
les SMS **que** tu as envoyés.

It's quite easy really. But note that you can translate '**que**' in different ways in English or leave it out altogether:

The house which you saw
The house that you saw
The house you saw

Exercice 4.15

Traduis en anglais:

1. La photo que tu as prise est belle.
2. Les voitures qu'il a conduites sont françaises.
3. Merci pour la lettre que j'ai reçue.
4. Les bâtiments que nous avons regardés hier sont vieux.
5. Tu as lu l'SMS qu'elle a reçu?
6. Les chocolats que j'ai savourés étaient délicieux!
7. Ce sont tes parents que j'ai vus au marché.
8. Le garçon qu'elle a rencontré est très gentil.
9. Les CDs que tu as achetés étaient chers!
10. Donne-moi la carte postale que tu as choisie.

Exercice 4.16

Traduis en français:

(The first few have helpful reminders; after that you're on your own! Think: if in doubt, what do you need to find out from the English–French word lists, apart from the actual word?)

1. The letters that you received. f.pl.
2. My mother, whom he saw. f.s.
3. The photographs that you bought. f.pl.
4. The cafés that you (pl.) liked. m.pl.
5. The girls that you (s.) called.

6. The skates that you (s.) wore.

7. The tennis racket that you (s.) tried.

8. Your car, which I cleaned.

9. The texts which you (pl.) sent.

10. The menu which she chose.

Traduis en français:

11. The bike that you borrowed.

12. The people that you (pl.) met.

13. The shirt he wore.

14. The film we watched.

15. The meal you (s.) prepared.

Exercice 4.17

Dictée

The passage will be read to you four times as described in Exercise 2.4. Remember to check your work carefully.

La présentation: *Giving a short talk about yourself or your interests (2)*

In Chapter 1 we discussed how to prepare short talks about yourself and your interests. It is time for some more practice. If you wish to refresh your memory, just turn to Chapter 1 for some revision.

Exercice 4.18

Begin to prepare a talk on **free-time and holiday activities**. Remember, you need to show you can express yourself in the past, present and future confidently and competently! So decide:

- what you do normally, or quite often, both in your free time (e.g. evenings and weekends), and on holiday, which will be in the **present** tense;
- what you did last holidays, which should be in the **passé composé** or **imparfait**;
- what you are going to do next weekend, or next time you go on holiday, which will be in the **future** or **immediate future**.

Now, make some notes: list the **verbs** you are going to be using. For example:

What I do often	**What I did last holiday**	**What I am going to do**
read crime stories	went to Brittany	go climbing
listen to CDs	had some great meals	visit Paris
watch TV	went wind surfing	

Les verbes		
lire	aller	faire (de l'escalade)
écouter	avoir, manger	visiter
regarder	faire (de la planche à voile)	

Now, adapt the verbs to suit your needs. For example:

je lis	je suis allé(e) (...)	je vais faire (...)
j'écoute	j'ai fait (...)	je vais visiter (...)
je regarde	j'ai eu (...), j'ai mangé (...)	

When you have made full notes including the vocabulary you need and the verbs in the form you want them, start to string them together. You need words to begin, link ideas and introduce opinions, and so on.

Starting	**Linking**	**Giving opinions**
d'habitude	mais	c'était (+ adjective)
le week-end	et	
le soir	ou	
en vacances	par exemple	
l'été dernier		

For this exercise, just use what is given here, and put together a mini-talk with five activities in it.

> Voici un exemple:
>
> D'habitude, le soir, je lis des romans policiers, ou je regarde la télé. En vacances, nous allons en France. L'été dernier, par exemple, nous sommes allés en Bretagne. J'ai fait de la planche à voile et j'ai mangé des moules-frites. C'était délicieux.

A vos stylos!

In the following exercises, we shall be returning to writing skills. First, a short task in which you need only one sentence for each little picture; then an extended task that should be the length of an average letter.

Exercice 4.19

Ecris une phrase pour chaque image, comme dans les exemples:

Exemples:

Au présent:	Le week-end, ma soeur fait du cheval.
Au passé:	À Pâques, ma soeur a fait du cheval.

1.

2.

3.

4.

5.

Exercice 4.20

Tu es arrivé(e) à Paris, en vacances. Ecris une lettre à un(e) ami(e) français(e). Tu dois mentionner **quatre** des cinq points suivants:

1. le voyage;
2. l'hôtel;
3. les repas;
4. un nouvel / une nouvelle ami(e);
5. un problème.

Ecris de 90 à 110 mots.

Exercice 4.21

Pendant les vacances, Georges et Martine sont sortis beaucoup, et leurs parents les ont emmenés au théâtre, à un concert de musique classique et à un centre sportif énorme à Nantes. Voici l'affiche que les enfants ont vue en entrant dans le centre sportif.

Complexe Sportif de Sainte-Madeleine

Grande salle – sports collectifs (volley, handball, basket etc.)
5 Courts de squash (sur réservation)
Piscine surveillée en permanence
Garderie (sauf le week-end)

Horaire d'ouverture

Tous les jours ouvrables sauf le jeudi, de 8 h 30 à 12 h 15 et de 14 h à 20 h
Le jeudi et le samedi de 9 h à 20 h sans interruption.
Le dimanche et les jours fériés: fermé

Entrée

Adultes	5 € 50
Juniors (de 12 à 17 ans)	3 € 50
Enfants (moins de 12 ans)	1 € 50

Parking

Durée	Prix
0 à 2h	gratuit
2h +	0, 50 € / h
Cars scolaires	nous consulter

Cafétéria (ouvert de 12 à 14 h et de 15 h à 19 h)

La cafétéria est située au premier étage du bâtiment.
Pour votre sécurité, le parking est sous vidéo-surveillance 24h/24

emmener	to take (someone somewhere)
le sport collectif	team sport
surveiller	to watch over
la garderie	crèche
sauf	except
une horaire	timetable
le jour ouvrable	weekday
le jour férié	bank holiday
le groupe scolaire	a school party
quitter (+ direct object)	to leave (e.g. a room)

Décide si les propositions ci-dessous sont vraies ou fausses. Ecris le numéro de la propositon, et V pour 'vrai', ou F pour 'faux'.

1. J'ai 15 ans, alors je peux entrer dans le centre sportif pour 3 € 50.
2. Ma soeur, qui a 12 ans, doit payer le même prix que moi.
3. Mon père, ma mère, ma soeur et moi pouvons entrer pour moins de 20 €.
4. On peut laisser la voiture dans le parking pour deux heures et demie sans payer.
5. Il n'y a pas de maître-nageur à la piscine le soir.
6. Il y a quelquefois des groupes scolaires qui viennent au centre sportif.
7. Je peux venir le dimanche matin à neuf heures.
8. le centre est ouvert à midi tous les jeudis.
9. On peut manger sans quitter le centre sportif.
10. Je ne peux pas aller au centre sportif à Noël.

Exercice 4.22

Au téléphone.

Tu dois retrouver Georges, devant le café à trois heures de l'après-midi. Quand tu arrives à 3 h 20, il est déjà parti! Téléphone lui pour expliquer pourquoi tu n'étais pas au rendez-vous. Voici les détails:

- Tu aidais ta mère dans la cuisine.
- Tu préparais les légumes pour le dîner.
- Tu t'es coupé le doigt!

- Ta mère t'a emmené(e) à l'hôpital.
- Tu as quitté l'hôpital à trois heures.

les légumes	vegetables
expliquer	to explain

Exercice 4.23

Voici des situations. Téléphone à ton / ta partenaire pour lui expliquer pourquoi tu es en retard. Laisse un message sur la messagerie du téléphone. Il / elle doit noter les détails!

Qui tu es	**Où tu es**	**L'heure**	**Pourquoi tu es en retard: tu as ...**	
Paul	**à la maison**	10 h 30	râté	tes cahiers
Sophie	à Nantes	14 h	perdu	tes clés
Armand	à l'aéroport	9 h	oublié	**tes lunettes**
Georges	à Londres	minuit	**cassé**	une longue promenade
Philippe	au stade	**midi**	mangé	le chat
Pierre	à la gare	17 h		l'avion
Marie				le bus
Létitia				ton vélo
Jean-Luc				tes livres
Patrick				tes rollers
Sabine				trop de pizza
Stéphane				trop de bananes

Exemple:

Allô? C'est **Armand**! Je suis désolé, je suis **à la maison**, il est **midi**. Je ne peux pas venir, j'ai **cassé mes lunettes**!

la messagerie	telephone answering service
râter	to miss, to fail (an exam)

Vocabulaire 4

Des mots indispensables de ce chapitre:

Les noms

le bouchon	traffic jam (originally: cork in a bottle)
le calcul	arithmetic
la côte de porc	pork chop
la découverte	discovery
le déj.	popular abbreviation of le déjeuner
la garderie	crèche
le groupe scolaire	a school party
une horaire	timetable
le jour férié	bank holiday
le jour ouvrable	weekday
les légumes	vegetables
la messagerie	telephone answering service
le sport collectif	team sport
le stade	sports ground
le terrain	land, games pitch

Les verbes

embêter	to irritate
emmener	to take (someone somewhere)
expliquer	to explain
râter	to miss, to fail (an exam)
quitter (+ direct object)	to leave (e.g. a room)
repérer	to spot, to notice
retrouver (quelqu'un)	to meet up (with someone)
surveiller	to watch over
s'entendre (avec quelqu'un)	to 'get on' (with someone)

D'autres expressions

sauf	except
ça tombe bien	that's worked out nicely
fade	tasteless

Vive la France!

Le viaduc de Millau

Le viaduc de Millau

Le viaduc de Millau a été inauguré le 16 décembre 2004 par le Président de la République Jacques Chirac. C'est le plus haut viaduc du monde et il domine la vallée du Tarn, au sud du Massif central. Voici quelques chiffres et faits:

Le point le plus élevé du viaduc culmine à 340 mètres, aussi haut que la Tour Eiffel. La partie routière est d'une longueur de 2,5km, et franchit la vallée, reliant Clermont-Ferrand à Béziers et Montpellier par l'autoroute A75. Avant la construction du viaduc, les automobilistes se voyaient obligés de passer par Millau, ce qui entraînait de fréquents embouteillages. Pour la construction du viaduc, on a utilisé de 127 000 mètres cubes de béton, 19 000 tonnes d'acier de béton armé et 5000 tonnes d'acier.

Le fait le plus intéressant sur cette construction incroyable? C'est un anglais, Sir Norman Foster et son équipe, qui l'ont conçue!

(a) Qu'as-tu compris? Ecris quelques lignes en anglais sur *Le viaduc de Millau,* ou traduis le passage.

(b) Vrai ou faux?

1. On a construit le viaduc l'année dernière.
2. Le Viaduc est plus haut que la Tour Eiffel.
3. Un pont routier était nécessaire à cause des problèmes de circulation.
4. C'est un français qui a fait le dessin finalement adopté.
5. Sur le viaduc il y une route pour les voitures qui fait plus de deux kilomètres de long.

(c) Dessine un poster pour attirer des touristes à venir voir le viaduc. Il y a un centre touristique, un parking, une salle vidéo où on peut regarder l'histoire de la construction du viaduc. Et, on peut aussi découvrir les vues magnifiques sur la vallée.

Bravo!
Tu as fini le quatrième chapitre!

In the next chapter you will be working on your use of the present, past and future, and will learn a new tense, the pluperfect.

Chapitre 5

Hier, aujourd'hui et demain

Exercice 5.1

Lis et écoute le passage et puis traduis en anglais.

Georges, Martine, Tochiko, Marie-Christine et Pascal sont au café près du collège, le Café des Amis. Ils parlent de leur journée d'école, et de leur temps libre. Ils parlent de ce qu'ils ont fait, et de ce qu'ils vont faire. Heureusement, l'accessibilité pour les handicapés est facile: les jeunes gens doivent se mettre à l'intérieur du café car il va pleuvoir, et il fait déjà un peu froid. Le café est bondé. Le serveur arrive.

Exercice 5.2

Ecoute le dialogue et puis réponds aux questions.

Serveur. Bonsoir. Vous êtes prêts à commander?
Marie-Christine. On n'a pas encore décidé!
Serveur. Je reviens dans deux minutes?
Marie-Christine. Non! Je crois que ça va aller. Moi je prends un coca.
Pascal. Pour moi, un Orangina.
Georges. Pour moi aussi.
Martine. Moi … euh, je vais prendre du thé.
Tochiko. Moi je voudrais une fraise à l'eau.
Serveur. Alors, un coca, un thé, deux Orangina, une fraise à l'eau, c'est ça?
Martine. C'est ça!
Georges. Qu'est-ce que tu vas faire ce soir, Toch'?
Tochiko. Sans doute, après le dîner je vais faire mes devoirs, puis après ça, tu sais, il ne me reste pas beaucoup de temps.
Georges. Moi, ce soir, je n'ai pas grand'chose à faire. Qu'est-ce que tu as, comme devoirs?
Tochiko. J'ai une rédaction à faire en histoire. Je vais mettre deux heures à tout finir.
Martine. Il y a un bon documentaire sur les Romains ce soir, sur France 2.
Tochiko. Ah bon? J'adore les docus.
Pascal. Qu'est-ce que tu as fait hier, Georges? On ne t'a pas vu à la patinoire.
Georges. Je suis allé au ciné avec mes parents. Nous avons vu un film comique en anglais, genre James Bond. Il y avait des sous-titres.

Pascal.	C'était comment? Tu t'es amusé?
Georges.	Ah oui, c'était rigolo. Maman adore les films étrangers.

bondé	crowded
vous êtes prêts à ...	are you ready to ...?
la rédaction	essay
mettre deux heures à ...	to take two hours to ...
le documentaire	documentary
le docu	(abbreviation) documentary
genre James Bond	a James Bond type of thing
des sous-titres	subtitles
s'amuser	to have a good time, to enjoy oneself
rigolo	funny
étranger	foreign
il me reste (une heure)	I have (one hour) left

Réponds aux questions en anglais:

1. Why do the young people need to be inside the café?
2. What do they talk about?
3. What does the waiter ask them first?
4. What does Martine have to drink?
5. When is Tochiko going to do her homework?
6. What is on France 2 this evening?
7. Where was Georges expected to be the previous evening?
8. Where was he in fact?

Exercice 5.3

Dans le passage (5.1) et le dialogue (5.2), trouve les expressions françaises pour:

1. Near the school.
2. Their school day.
3. Their free time.
4. The young people must sit inside the café.

5. It's going to rain.

6. It's already a bit cold.

7. We haven't decided yet.

8. Shall I come back?

9. I think it'll be OK.

10. I haven't much to do.

Trouve les expressions françaises pour:

11. What homework have you got?

12. We didn't see you.

13. There were subtitles.

14. What was it like?

15. Did you enjoy yourself?

La télé en France

La télévision en France est comme partout ailleurs: quelques chaînes 'terrestres', et un choix étonnant de chaînes de satellite et câble. En France il y a cinq chaînes nationales qu'on peut recevoir sans payer d'abonnement, et une chaîne cryptée qui nécessite un décodeur pour être reçue en clair. Les cinq chaînes sont:

TF1 **France 2** **France 3** **La Cinq / Arte** **M6**

La Cinq est une chaîne partagée avec Arte, une chaîne de télévision allemande.
La chaîne cryptée s'appelle Canal Plus (Canal +).

comme partout ailleurs	like everywhere else
la chaîne	channel
terrestre	terrestrial
étonnant	astonishing
un abonnement	subscription
crypté	encrypted
le décodeur	decoder

en clair	de-crypted, decoded, clear
le programme	television / radio schedule
une émission	an individual programme

Voici quelques genres d'émission:

une émission sportive	a sport programme
un feuilleton	a 'soap'
un film	a film
un documentaire	a documentary
un polar	a police film
les informations / le journal	the news
la météo	the weather forecast

Exercice 5.4

Regarde cet extrait du programme pour le soir du 1er novembre:

TF1	France 2	France 3
20 h **Qui veut gagner des millions?** Jeu.	**20 h 05** **L'Espion qui m'aimait** Film (USA/GB) v.o. avec sous-titres.	**19 h 55** **France - Espagne** Championnat de basketball en direct de Narbonne.
20 h 55 **Journal** 21 h 50 Météo.	**21 h** **L'Empire des Dieux** Documentaire – 5 / 7 Les Romains en Egypte.	**21 h 15** **Festival de Montpellier** Le piano de Mozart.

Lis ces détails, puis décide quelles émissions ces personnes vont regarder:

Jean aime le football, mais pas d'autres sports. Il s'intéresse au cinéma américain et il adore la musique.

Claudine va faire de la voile demain s'il fait beau. Elle aime essayer de répondre aux questions de culture générale.

Justine s'intéresse beaucoup à l'histoire des civilisations anciennes. Elle est aussi très sportive.

Jonathan aime se détendre en regardant un film qui n'est pas trop sérieux. Il aime aussi savoir ce qui se passe dans le monde.

Marc aime les langues: il écoute souvent la radio anglaise. Il fait partie de l'orchestre du collège.

v.o.	*version originale* (not dubbed)
ce qui se passe	what is happening
le monde	the world
la culture	knowledge

Exercice 5.5

1. Ecris un email en français à un(e) ami(e). Parle de la télévision en Angleterre et de tes émissoins préférées. Ecris de 50 à 60 mots.

 Donne, en anglais, deux exemples à la télévision britannique.

2. d'émissions sportives;
3. de films d'aventure;
4. de jeux;
5. de feuilletons;
6. de polars.

Exercice 5.6

Martine doit sortir. Ses parents ne sont pas à la maison, donc elle laisse un mot:

> Maman,
>
> Natalie m'a téléphoné. Elle m'a invitée chez elle. J'ai fini mes devoirs, et j'ai rangé mes affaires. J'ai mis mes vêtements dans le lave-linge et j'ai donné à manger au chat. Je n'ai pas sorti les poubelles parce que je vais le faire quand je rentrerai à la maison. J'ai nettoyé la salle de bains. Je vais arriver chez Natalie dans dix minutes. Je vais l'aider avec ses devoirs de maths. Puis on va regarder la météo pour demain à la télé. Elle va me montrer ses photos des vacances sur l'ordinateur. Je vais rentrer pour dîner.
>
> Bisous
>
> Martine

List in English five things that Martine has done (1–5), then five things she is going to do (6–10).

11.-20. Ecris (en français) les actions de Martine à la forme négative. Regarde l'exemple:

J'ai fini mes devoirs. > Je n'ai pas fini mes devoirs.

Exercice 5.7

Recopie ce passage, traduisant les verbes en français.

Rouge = passé composé, violet = imparfait.

Quand Martine (went out), elle (saw) Georges, qui (was walking) le chien de son copain. Elle (asked) à Georges si maman (was) aux magasins. Georges (answered) qu'il (didn't know), mais il (said) qu'il (thought) que maman (was ordering) du pain pour dimanche.

Les verbes: se mettre

The verb **se mettre** means 'to put oneself', which is an expression we don't often use in English! As you may have noticed, it can be an alternative in French for to sit or to stand somewhere.

se mettre = to put oneself*

je me mets	nous nous mettons
tu te mets	vous vous mettez
il se met	ils se mettent
elle se met	elles se mettent

participe passé: mis

* This is simply the reflexive version of the irregular verb **mettre** = to put.

Here are some reminders of how it looks in other tenses:

Au passé composé:	je me suis mis(e)
A l'imparfait:	je me mettais
Au futur immédiat:	je vais me mettre

Note that **se mettre à (faire)** also means 'to begin to (do)'.
e.g. **je me suis mis à travailler** = 'I began to work'.

Le plus-que-parfait

The pluperfect tense

Here's another trouble-free verb tense to expand your range of expression even further! The pluperfect tense is used to express what 'had' happened. Once again, you only need to combine things you already know: the imparfait of avoir or être and the participe passé of the verb in question. It even looks like the English version.

He knew that **I had finished**. = Il savait que **j'avais fini**.

The same verbs go with être as in the passé composé, and this goes for reflexives as well.

Avoir: Tu avais chanté.	You had sung.
Etre: Elle était partie.	She had gone.
Reflexive (also with être, of course): Elles s'étaient habillées.	They had dressed.
The pluperfect is used very often both in English and in French, often with the passé composé:	
Quand je suis arrivée, elles étaient déjà parties.	When I arrived, they had already left.

Exercice 5.8

Translate these expressions into French. To make life easier, all the bits you need are shown in the boxes. You just have to pick the correct ones.

j'avais
tu avais
il avait
elle avait
nous avions
vous aviez
ils avaient
elles avaient

trouvé	chanté	mangé
cherché	fini	rempli
puni	ouvert	découvert
voulu	composé	joué
fait	aimé	vu
écrit	lu	regardé

1. I had found.
2. He had sung.
3. She had seen.
4. You (s.) had eaten.
5. She had filled.
6. They (f.) had punished.
7. I had opened.
8. We had played.
9. You (pl.) had wanted.
10. He had written.

Traduis en français:

11. I had looked.
12. You (pl.) had liked.
13. She had finished.
14. We had discovered.
15. They (m.) had done.

Exercice 5.9

Traduis en anglais:

1. Martine avait chanté.
2. Georges avait trouvé.
3. Les garçons avaient vu.
4. Les filles avaient mangé.
5. Elle avait puni.
6. Papa avait lu le journal.
7. Maman avait écrit la lettre.

8. Ma sœur avait ouvert le paquet.

9. Nous avions voulu aller à Paris.

10. Ils avaient construit une maison.

Exercice 5.10

And now for some pluperfects using **être**. Translate these expressions into French. Again, to make life easy, all the bits you need are shown in the boxes below.

j'étais
tu étais
il était
elle était

nous étions
vous étiez
ils étaient
elles étaient

allé	entré	sorti
parti	monté	venu
tombé	descendu	mort
arrivé	né	resté
retourné	revenu	rentré

1. I had gone home.
2. He had gone up.
3. She had gone down.
4. You (s.) had gone in.
5. She had been born.
6. They (f.) had left.
7. I had arrived.
8. We had gone out.
9. You (pl.) had stayed.
10. He had fallen.

Traduis en français:

11. I had come back.
12. You (pl.) had gone out.
13. She had stayed.
14. We had come.
15. They (m.) had died.

Exercice 5.11

Traduis en anglais:

1. Michèle était revenue.
2. Patrick et Armand étaient sortis.
3. Les copains étaient arrivés.
4. Les soeurs de Philippe étaient descendues.
5. Elle était arrivée.
6. Papa était monté.
7. Maman était partie.
8. Ma sœur était tombée.
9. Nous étions allés à Londres.
10. Ils étaient venus à la réception.

Le plus-que-parfait à la forme négative

To make the pluperfect tense negative in French, do the same as for the **passé composé**: make all changes to the auxiliary verb (**avoir** or **être**) and then add the past participle:

Ils avaient fini	>	Ils n'avaient pas fini.
Il était parti	>	il n'était pas parti.

Exercice 5.12

Ecris en français les phrases de l'exercice 5.9 à la forme négative.

There is no need to do any more work on the **plus-que-parfait** at this stage. It will re-appear at various moments and you will now recognise it!

Exercice 5.13

Lis le passage et écoute le CD. Réponds aux questions.

Une journée de voile à Bretignolles-sur-Mer

C'était vendredi. Papa avait promis à Martine et Georges de les emmener le lendemain faire de la voile à Bretignolles, une station balnéaire. A Bretignolles, sur la côte vendéenne, c'était possible de louer des bateaux.

Samedi donc, papa, Georges et Martine ont quitté la maison après un petit déjeuner rapide. En route, ils ont acheté du pain, du fromage, des tomates, des poires et de l'eau pour faire un pique-nique à midi. Maman est restée à la maison, car elle souffre du mal de mer. Martine a lu dans la voiture. Elle a parcouru la brochure de l'école de voile, où elle a découvert que, pour partir en bateau sur la mer avec ce club, il fallait avoir un permis de bateau. C'était même interdit pour les jeunes de moins de dix-huit ans de partir sans un adulte à bord. De plus, on était obligé de mettre des gilets de sauvetage et d'apporter même des fusées éclairantes. Elle a demandé à papa si tout cela était vraiment nécessaire. Il a répondu que la mer était dangereuse, même si elle paraissait calme.

En arrivant au club nautique, papa et les deux jeunes gens sont descendus de la voiture et sont allés chercher un dériveur à louer. Il faisait un temps parfait. La mer était calme et le soleil brillait. Pourtant, on pouvait voir un nuage noir à l'horizon. Le moniteur du club est venu et papa a loué un petit bateau à quatre places. On lui a demandé une caution de 300 euros! On s'est mis dans l'eau, et papa a ordonné aux enfants de pousser le bateau pendant qu'il déferlait la voile.

une station balnéaire	a seaside resort
le mal de mer	sea-sickness
le permis	licence
le gilet de sauvetage	life-jacket
même	even, same
la fusée éclairante	flare
paraître	to appear, to seem

nautique	nautical
le dériveur	dinghy
le moniteur	the instructor
la caution	deposit
déferler	to unfurl (a sail)

Réponds en anglais:

1. What had papa promised to do?
2. Why did maman not come?
3. What did Martine do on the journey?
4. What do you need a licence for?
5. What age must you be to go sailing on your own?
6. What was the weather like?
7. What did papa ask the children to do?

Exercice 5.14

Selon le passage (l'exercice 5.13), lesquelles de ces propositions sont vraies? Copie les phrases vraies, et corrige les phrases fausses.

1. Maman n'aime pas voyager en bateau.
2. Bretignolles est une ville industrielle.
3. Papa, Martine et Georges sont allés faire de la voile le week-end dernier.
4. Papa avait donné la brochure du club de voile à sa fille.
5. Deux personnes de seize ans ont le droit de partir en bateau sur la mer.
6. Les gilets de sauvetage sont interdits.
7. On doit respecter la mer.
8. Les dériveurs sont plus gros que les yachts.
9. Il ne pleuvait pas.
10. Le bateau qu'ils ont loué était prévu pour trois personnes.

 Traduis les propositions vraies en anglais.

Exercice 5.15

Monsieur Colbert, son fils et sa fille ont fait un pique-nique à Bretignolles, au bord de la mer. Regarde les aliments ci-dessous. Cherche les mots que tu ne connais pas dans le dictionnaire.

du pain	du beurre	du fromage
du saucisson	du jambon	du poulet
des fruits de mer	de la confiture	des frites
des chips	des pommes	des poires
des oranges	du chocolat	des bananes
des yaourts	du thon	des carottes râpées
des salades préparées	de l'eau	du coca
du vin	de l'Orangina	du lait

Maintenant, ***à l'abri des regards de tes voisins****, choisis sept éléments pour en faire ton pique-nique idéal.

* *without letting your neighbours see*

Maintenant, **à tour de rôle*,** devine ce que ton / ta partenaire a choisi!

* *taking it in turns*

Exercice 5.16

Dictée

The passage will be read four times as described in Exercise 2.4. Remember to check your work carefully.

Exercice 5.17

Imagine que tu as fait de la planche à voile pour la première fois avec ta famille. Ecris une lettre à un(e) ami(e) français(e). N'oublie pas de mentionner **quatre** des cinq points suivants:

- le temps qu'il faisait;
- ta famille;
- la plage et les activités nautiques;
- le pique-nique;
- le voyage de retour à la maison.

N'oublie pas de bien **commencer** et **terminer** la lettre.

Ecris de 80 à 110 mots.

Exercice 5.18

Lis et écoute, puis travaillez à deux. Préparez et présentez le dialogue en classe.

Sur la plage, après la promenade en bateau

Martine.	Merci papa, c'était épatant!
Papa.	Attendez là, je reviens!
Martine.	J'ai froid.
Georges.	Si tu avais apporté ton pull …
Martine.	Je vais l'apporter la prochaine fois.
Georges.	La mer était belle. Elle était assez calme.
Martine.	Oui. Je n'aime pas quand elle est agitée.
Georges.	Tu avais peur.
Martine.	Mais non …
Papa.	Tenez, je viens d'acheter des gaufres.
Georges.	Mmm! J'adore ça!
Papa.	Veux-tu celle-ci ou celle-là?
Georges.	Celle-ci, s'il te plaît, papa.
Papa.	Alors, celle-là c'est pour moi!
Martine.	Et moi?
Papa.	Oh! Tu en voulais une aussi? Tiens …
Martine.	Merci papa chéri!

je reviens	I'll be back
épatant	amazing
agité	rough
une gaufre	waffle

Trouve dans le texte ci-dessus:

1. One example of description in the past.
2. Two idiomatic expressions with the verb **avoir**.
3. An example of the pluperfect tense.
4. An example of the construction '**venir de** + infinitive'.
5. Two imperative (command) forms of the verb **tenir**.
6. Traduis en anglais de 'Tenez …' à 'chéri'.

Exercice 5.19

Cherche l'intrus:

1.	2.	3.	4.	5.
gaufre	équitation	maison	tante	rond
gentil	patinage	chaumière	neveu	montagne
croissant	cravate	rouge	père	route
pain	surf	bureau	soeur	rivière
baguette	vélo	école	beau	colline

Exercice 5.20

Regarde le texte suivant. Note les verbes. Indique si les verbes sont au passé composé, à l' imparfait ou au plus-que-parfait, comme dans l'exemple:

1. voulait imparfait (vouloir)

Mina **voulait** aller au concert de Danny Lefou à La Roche, mais elle **n'avait pas acheté** de billets parce qu'elle n'avait pas vu les annonces dans le journal. Toutes les filles de la classe de Mina **étaient** folles de Danny Lefou. Il **jouait** de la guitare et il **chantait** avec son groupe de quatre autres musiciens de rock qui **faisaient** un bruit inimaginable. Il **venait** rarement dans l'ouest de la France. Mina **avait** de la chance, parce que sa soeur Tochiko **avait remarqué** la publicité pour le concert et avait acheté trois billets. Comme ça, Mina **a pu** emmener une amie avec elle. Le concert **était** un grand succès. Pendant l'entr'acte, Mina **a acheté** un T-shirt et un CD signés par son idole. Quand Mina et Natalie **sont revenues** à la maison, elles **étaient** très excitées et elles **n'arrêtaient pas** d'en parler.

Le lendemain, Natalie **a aidé** Mina à nettoyer le garage!

Exercice 5.21

Dessine un poster en français de ton groupe préféré, sur l'ordinateur ou à la main, avec les détails suivants (en français, bien sûr):

Le groupe va donner un concert:

- samedi quinze juillet,
- à la Maison Française d'Oxford,
- à dix-neuf heures trente.

Le prix de l'admission est de huit livres sterling, mais

- les personnes de moins de quatorze ans paient seulement 50% du prix normal, et
- on peut acheter des CDs et des t-shirts après le concert.

Vocabulaire 5

Des mots indispensables de ce chapitre:

Les noms

un abonnement	subscription
la caution	deposit
la chaîne	TV channel
la culture	knowledge
le décodeur	decoder
le docu (abbreviation)	documentary
le documentaire	documentary
une émission sportive	a sports programme
une émission	an individual programme

le feuilleton	'soap', serial
la fusée éclairante	rocket, flare
le gilet de sauvetage	life-jacket
les informations / le journal	the news
le mal de mer	sea-sickness
la météo	the weather
le monde	the world
le permis	licence
un polar	a police film
le programme	television/radio schedule, programme
la rédaction	essay
les sous-titres	subtitles
Les verbes	
mettre deux heures à ...	to take two hours to ...
paraître	to appear, to seem
se passer	to happen
Les adjectifs	
agité (f. agitée)	rough
bondé (f. bondée)	crowded
crypté (f. cryptée)	encrypted
en clair	de-crypted, decoded, clear
épatant (f. épatante)	amazing
étonnant (f. étonnante)	astonishing
étranger (f. étrangère)	foreign
nautique	nautical
rigolo (f. rigolote)	funny
terrestre	terrestrial

Vive la France!

Le Tour de France

Le Tour de France se déroule tous les ans. C'est une course cycliste qui attire les coureurs les plus acharnés et déterminés, prêts à faire tout pour pouvoir porter le fameux *maillot jaune*. Tandis que c'est un événement annuel, le Tour est unique comme course. Tous les ans, la route du Tour est différente. On a même ajouté de petites étapes hors de la France (récemment en Angleterre!).

Comment donc comparer les exploits des champions? Si tu cherches dans les archives du Tour, tu trouveras que les moyennes en kilomètres / heures ont été enregistrées: en 1903, lors du premier Tour, Maurice Garin a fait une moyenne de 25 km/h. Les gagnants des cinq premiers Tours étaient tous des Français. Plus récemment, les Espagnols ont eu du succès avec Miguel Indurain; mais ce sont les Américains qui se sont imposés huit fois (dont Lance Armstrong sept fois) et qui dominent actuellement le Tour et le sport.

Lance Armstrong

(a) Qu'as-tu compris? Ecris quelques lignes en anglais sur *Le Tour de France*, ou traduis le passage.

(b) Vrai ou faux?
1. Le Tour de France a lieu tous les ans.
2. Le parcours de la course cycliste est toujours pareil.
3. Les cyclistes du Tour ne doivent jamais partir de la France.
4. Maurice Garin est le dernier gagnant du Tour de France.
5. Les Américains sont très forts en cyclisme en ce moment.

(c) Imagine que tu habites en France et que le Tour de France va passer dans ton village. Dessine un poster pour attirer des spectateurs et spectatrices à venir encourager les coureurs.

Bravo!

Tu as fini le cinqième chapitre!

In the next chapter you will do some more work on pronouns and meet another new tense, the future simple.

Chapitre 6

Le séjour de Peter en France

Exercice 6.1

Lis et écoute le passage et puis traduis en anglais.

Peter, le correspondant anglais de Martine, est arrivé le 12 décembre. Il était seulement cinq heures du soir, mais il faisait déjà noir. Après une journée de pluie et de vent, il faisait froid – l'hiver était arrivé.

Ni Martine ni Georges n'ont dû aller à l'école ce jour-là, car c'était un mercredi. Donc, à quatre heures et demie maman, Georges et Martine sont allés chercher Peter à l'aéroport.

Exercice 6.2

Lis et écoute le dialogue et puis réponds aux questions.

Maman. Tiens! Le voilà! Peter!

Martine. Ah oui! Je le reconnais d'après sa photo. On n'a pas le droit de rencontrer les gens tout de suite. Ils doivent attendre leurs bagages.

Maman. On prend un café?

Martine. Si c'est toi qui paies!

Maman. D'accord.

***

Maman. Un grand crème, s'il vous plaît.

Serveur. Et pour vous monsieur?

Georges. Un chocolat chaud.

Martine. Moi je prends un thé au lait, comme les Anglais.

Maman. Bonne idée!

***

Georges. Je vois Peter!

Martine. Moi aussi je le vois! Il a l'air fatigué.

Maman. Bonjour Peter! Tu as fait bon voyage?

Peter. Bonjour Madame! Ça va, mais j'ai dû attendre à la douane. Je n'aime pas les aéroports! Mais l'avion était confortable.

Maman. Tu as bien mangé, j'espère?

Martine. Ecoute, maman, le voyage est trop court, on n'a pas le temps de manger dans l'avion!

Maman.	Rentrons vite à la maison alors! J'ai tout préparé, on peut dîner tout de suite!
Peter.	Super! J'ai faim! Où est Monsieur Colbert?
Georges.	Papa? Toujours au boulot.
Peter.	Euh …
Martine.	Il est au bureau, il travaille!

ni … ni … ne (verb)	neither … nor
reconnaître	to recognise
avoir le droit de (+ inf.)	to be allowed to
un crème	a milky coffee
la douane	the customs

Réponds aux questions en anglais:

1. What time of day did Peter arrive in France?
2. What was the weather like?
3. How much light was there?
4. Why were Georges and Martine not at school that day?
5. Why could the family not meet Peter straight away?
6. What did Mum suggest they do while waiting?
7. On what condition did Martine agree?
8. Why do you think Martine had tea with milk?
9. How did Peter seem when they met him?
10. What did Peter like about the journey?
11. What did he not like?
12. Why, according to Martine, will Peter not have eaten on the aeroplane?
13. Who did Peter expect to see at the airport?
14. For what is 'au boulot' an everyday expression?

Exercice 6.3

Copie le passage. Remplis les blancs avec des mots de la case, comme dans l'exemple:

C'est toujours .... de voyager en avion, parce qu'........... trop de monde aux aéroports. L'année ... **dernière** ..., ma tante canadienne est .... en Europe avec Doug et Charles, mes .... Pour .... l'Atlantique, ils ont .... un voyage de treize heures. Leur voyage a commencé à quatre heures du ....! Ils ont passé leur temps à .... dans les files d'attente, passer à l'enregistrement, faire contrôler leurs bagages, et ce n'était qu'à dix .... qu'ils sont finalement .... par la passerelle pour le vol de Paris.

cousins	fatigant	attendre	heures	il y a	monté
dernière	traverser	venue	fait	matin	
amusant	traversé	montés	cousines		

Exercice 6.4

Tu es à l'aéroport. Tu trouves une machine où on peut envoyer des emails.

Ecris un email de 60 à 70 mots à ton frère ou ta soeur, ou à un ami.

1. Say you have arrived.
2. Say what the time is.
3. Say what the weather is like.
4. Say why you are late.
5. Say what you have had to do, or what you have done to pass the time.

Exercice 6.5

Joue le rôle d'un(e) employé(e) de l'aéroport.

Regarde le plan et puis réponds aux questions en français.

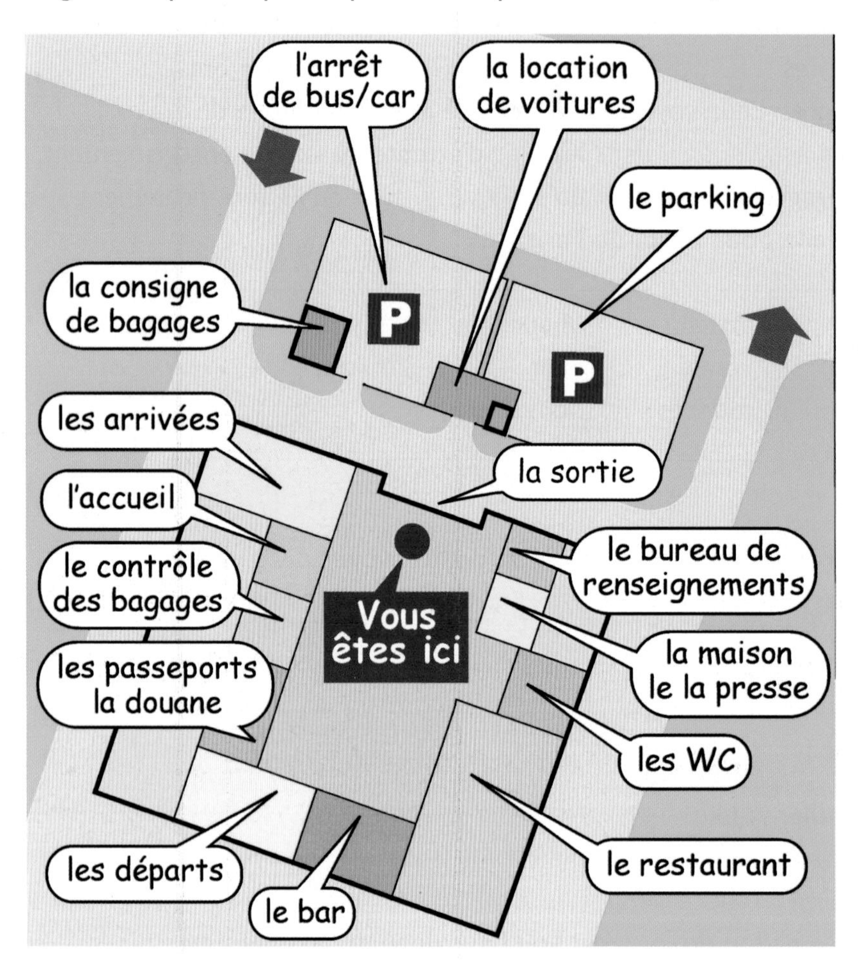

Quelqu'un te demande:

1. Excusez-moi, pour aller aux départs, s'il vous plaît?
2. Où sont les toilettes?
3. Pardon, on peut louer des voitures ici?
4. Je voudrais acheter un journal. Il y a un marchand de journaux?
5. Où peut-on manger ici?
6. Excusez-moi. Où est-ce qu'on peut prendre un car?
7. J'ai envie de boire un café. Il y a un café ici?

Exercice 6.6

Fais correspondre les moitiés de phrases. Ecris des phrases complètes:

1.	Les aéroports sont fatigants	je téléphone à mes parents.
2.	Le parking vert	a joué avec son PlayStation®.
3.	On n'a pas le droit de laisser	mais ils sont nécessaires.
4.	Le vol Paris–Rome était assez court	que j'ai lu après le dîner.
5.	Quand j'arrive en France	les bagages non-surveillés.
6.	Dans le taxi en route à l'hôtel mon frère	et très confortable.
7.	J'ai acheté un magazine	de trouver la consigne.
8.	C'était difficile	est à côté du restaurant *Les Alizés*.

Encore des pronoms

We have met all the pronouns commonly used in French, and these are set out in the table below.

To learn the order of these pronouns, think of a football team, using the old-fashioned formation of 5-3-2.

Before the verb	**After the verb** (à l'impératif)
me te se nous vous	-moi* -toi* -nous
le la les	-le -la -les
lui leur	-lui -leur
y	-y
en	-en
	*m' and t' before y or en

Note that, to be extra secure at the back, we are relying on two goalkeepers! If more than one of these are used in a sentence, the strikers (top line) come before the midfield (2nd line), the midfield before the defence (3rd line) etc.

Consider the following examples:

Avant le verbe:

I give *them to him.*	Je **les lui** donne.
I gave *them to him.*	Je **les lui** ai donnés.
He sends *it to us.*	Il **nous l'**envoie.
He sent *it to us.*	Il nous l'a envoyé(e).
I see two *of them there.*	**J'y en** vois deux.

Après le verbe (à l'impératif) :

Give *it to her*!	Donne-**le-lui**!
Throw *them to me*!	Lance-**les-moi**!

As you know, en means 'of it', 'of them', 'some' or 'any', depending on what we would say in English.

He has **some**.	Il **en** a.
Does he have **any**?	**En** a-t-il?
He has three **of them.**	Il **en** a trois.
He has a litre **of it**.	Il **en** a un litre.

N.B. When doing the next exercise, remember that we can leave out 'of it', 'of them' etc. in English **but not in French.**

You bought three the other day. = Tu **en** as acheté trois l'autre jour.

… because 'you bought three' really means 'you bought three **of them**'.

Exercice 6.7

Traduis en français:

1. Jean-Paul has thirty of them.
2. The cat is eating one of them.
3. We are looking at some.
4. I had seven of them last week.
5. Do you want any?
6. They have some in the kitchen.
7. There is a litre of it in the fridge.
8. Why don't you have some?
9. Philippe has twelve of them.
10. I do not have any.

Traduis en français:

11. She has twenty.
12. There are six.
13. We have two in the garage.
14. They are watching one (m.).
15. I read one yesterday.

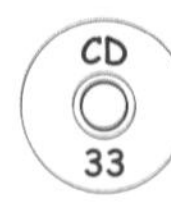

Exercice 6.8

Lis ce petit texte et le dialogue et écoute le CD. Apprends le vocabulaire que tu ne connais pas et réponds aux questions.

Après le dîner, Peter s'est installé chez les Colbert. Il parlait bien français pour un garçon anglais de son âge, mais il avait oublié beaucoup de vocabulaire, donc, Martine lui a fait visiter la maison, en lui rappelant tous les mots français pour les meubles, les objets et le décor.

D'abord, ils sont entrés dans la cuisine, où Martine lui a montré les couverts sur la table, c'est à dire la nappe, les couteaux, les fourchettes, les cuillers, les assiettes et les verres. Elle lui a montré les placards et les machines «électroménagères» – le lave-linge, le lave-vaisselle et le moulin à café. Elle lui a indiqué les casseroles, le four à micro-ondes et la cuisinière à gaz. Il n'y avait pas de moquette au rez-de-chaussée, il y avait du carrelage au sol. Il y avait un frigo et un congélateur.

Georges a fermé les volets et les fenêtres, et on a tiré les rideaux. Les trois jeunes gens sont montés à l'étage, où se trouvaient les quatre chambres – la chambre des parents, celles de Martine et Georges, et la chambre des invités, provisoirement la chambre de Peter.

Dans la chambre de Peter il y avait un lit avec deux oreillers et une couette, une commode, une armoire, une petite table, une chaise, et une lampe et un réveil sur la table de chevet. Il y avait aussi une petite étagère avec quelques livres. Dans la salle de bains, il y avait une baignoire, des serviettes et les brosses à dents de toute la famille, un tapis par terre et une glace sur le mur. A côté du radiateur il y avait une petite poubelle. La fenêtre de la salle de bains donnait sur la cour derrière la maison.

Martine. Alors, elle n'a pas beaucoup changé, la maison, hein Peter?
Peter. Non. C'est vrai.
Georges. Il y a des livres dans ta chambre, si tu veux lire.
Peter. Merci bien.
Georges. Tu es fatigué, Peter?
Peter. Ça va. Mais je sens que je vais bien dormir!
Martine. Il est déjà dix heures. Tu veux te coucher?
Peter. Oui je veux bien! Qu'est-ce qu'on va faire demain?
Georges. Demain, nous, on va au collège. Toi, tu vas rester ici. Tu peux te promener, faire un tour à vélo …
Peter. Super. A quelle heure est-ce que vous prenez le petit déjeuner?
Martine. Sept heures, sept heures dix … Mais il faut partir avant sept heures et demie. Toi, c'est ton premier jour, tu te lèves quand tu veux!
Peter. Impeccable. Alors moi, je vais me coucher. Bonne nuit!
Martine. Bonne nuit, Peter. A demain.

elle lui a montré	she showed him (literally *to* him)
les meubles	the furniture
le décor	the decoration
le placard	cupboard
l'électroménager	household appliance(s)
le lave-linge	washing machine
le lave-vaisselle	dishwasher
le moulin à café	coffee grinder
la casserole	saucepan
la cuisinière à gaz	gas cooker
le four à micro-ondes	microwave
la moquette	fitted carpet
le carrelage	tiling
le frigo	fridge
le congélateur	freezer
les rideaux	curtains
tirer les rideaux	to draw the curtains
provisoirement	temporarily
un oreiller	pillow
la couette	duvet
le réveil	alarm clock
l'étagère (f.)	shelf
la baignoire	bath
le tapis	rug
la glace	mirror
donner sur	to look out onto
la cour	courtyard

Réponds aux questions en anglais:

1. Why did Martine and Georges take Peter round the house again?
2. Which room did they go into first?
3. What sort of floor did it have?
4. Did the Colberts buy ground coffee or coffee beans?
5. Which room had become Peter's, temporarily?

6. What was in Peter's room?

7. What time did Peter go to bed?

8. What were Georges and Martine doing the next day?

9. What did they suggest Peter should do?

10. Why did Martine say he should get up when he wanted to?

Exercice 6.9

Copie les phrases en remplissant les blancs:

1. Peter .... arrivé en France au mois de décembre.
2. Martine .... fait la visite de la maison avec Peter.
3. Georges .... accompagné les autres.
4. Les enfants .... entrés dans la salle de bains.
5. Martine n'.............. pas parlé anglais à Peter.
6. Pourtant, il .... bien compris.
7. Nous .... choisi de bons livres.
8. Vous .... fait un bon voyage?
9. Je me .... amusé dans l'avion.
10. Les amis de Peter l'................. emmené à l'aéroport.

Copie les phrases en remplissant les blancs:

11. Ma soeur ne s'.............. pas couchée tout de suite.
12. Elle .... montré les romans à son ami.
13. Tu .... monté voir la chambre?
14. Non, je .... resté en bas.
15. Quand t'................. –tu levé?

Exercice 6.10

Travaillez à deux. Posez-vous ces questions. Chaque partenaire doit noter les réponses. Vérifie les réponses avec ton / ta partenaire.

1. A quelle heure t'es-tu couché(e) hier soir?
2. A quelle heure te lèves-tu le dimanche matin?
3. Tu vas à l'école le samedi?
4. Qu'est-ce que tu fais après les classes?
5. Comment (par quel moyen de transport) est-ce que tu vas à l'école?

Maintenant, **écris** les réponses à ces questions **pour toi**.

Exercice 6.11

Lis ce petit texte et le dialogue. Apprends le vocabulaire que tu ne connais pas et écris un email.

A dix heures du matin, après s'être levé et avoir pris le petit déjeuner avec Madame Colbert, Peter a emprunté la bicyclette de Georges et a fait un tour dans les environs de la maison. Avant de se mettre en route, il a examiné le vélo, et il s'est demandé s'il connaissait tous les mots français des différentes parties du vélo.

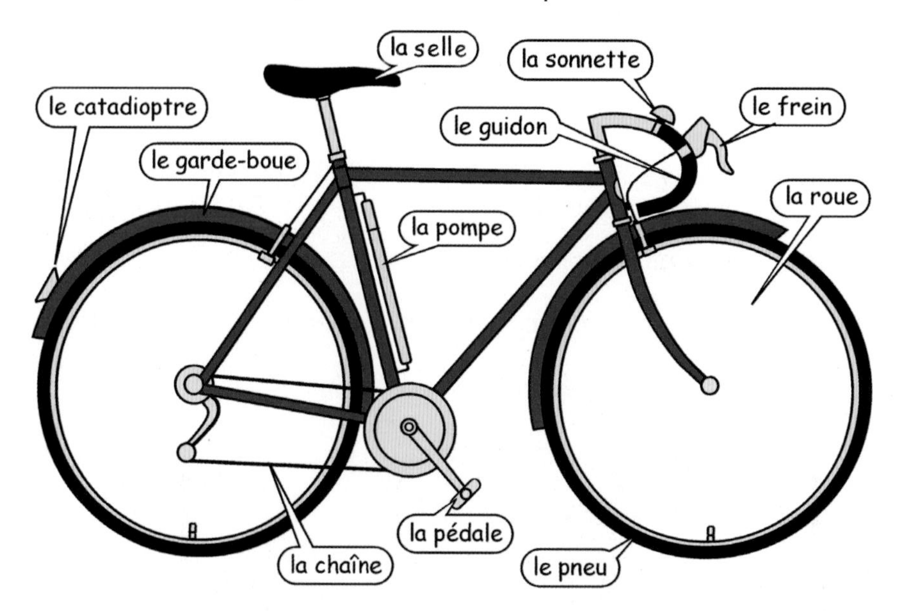

Puis, il est parti. Il n'avait fait que deux cents mètres quand il s'est arrêté tout d'un coup.

«Que je suis idiot!» s'est-il dit. «Je roule à gauche, comme en Angleterre! Ici on roule à droite! C'est dangereux!» Il a traversé la route avec prudence, puis il est remonté sur la bicyclette et s'est remis en route. Il est passé devant l'église et a redécouvert tous les magasins du village. Au lieu de traverser la place, Peter est descendu de la bicyclette et a fait le tour du camping municipal du village à pied. Il a regardé les annonces affichées sur le mur de la cabane de la réception du camping. Il en a compris quelques-unes, mais pas toutes.

Il faisait froid, mais beau. Malgré le froid, on sentait le soleil. Il y avait une rosée légère dans les champs, et Peter pensait à ses amis qui étaient à l'école. Martine, souriante, sociable, positive, et Georges, têtu et impulsif mais aimable et sincère.

Peter roulait lentement pour rentrer à la maison. Il était content d'être de nouveau en France.

Maman. Salut Peter! Alors, ça a été?
Peter. Oui madame. La campagne est belle.
Maman. J'ai une surprise pour toi. Samedi, on va partir en vacances de neige!
Peter. Formidable! Où va-t-on aller?
Maman. La station s'appelle Les Gets. On va louer un chalet de ski!
Peter. Chouette!
Maman. Tu as déjà fait du ski?
Peter. Non, jamais. Où se trouve Les Gets?
Maman. Regarde. J'ai une carte ici sur la table.

les environs	the surrounding area
se mettre en route	to set off
rouler	to go along (in or on a wheeled vehicle)
avec prudence (f.)	with care
au lieu de	instead of
municipal	belonging to the local council
une annonce	advertisement
afficher	to post (i.e. to pin up on a notice board)
quelques-un(e)s	some (but not all)
la rosée	dew
têtu	headstrong, stubborn
impulsif	impulsive
sincère	sincere
de nouveau	once again

Imagine que tu es Peter. Ecris un email en français à un(e) ami(e) où tu racontes ta première journée en France chez les Colbert. N'oublie pas:

- le petit déjeuner,
- la promenade à vélo,
- le camping,
- le temps qu'il fait,
- la surprise de Mme Colbert.

Exercice 6.12

Lis le dialogue et puis traduis en anglais.

Maman téléphone à l'agence de location de chalets.

L'agente.	Bonjour! Agence Ski-Famille. Je vous écoute!
Maman.	Bonjour madame. J'ai vu votre annonce sur l'internet. Il y a toujours des chalets disponibles aux Gets pour la semaine prochaine?
L'agente.	Oui madame, il m'en reste deux aux Gets. Vous êtes combien?
Maman.	On est cinq. Trois enfants, mon mari et moi.
L'agente.	J'ai un chalet près des pistes, mais vous devrez partager avec une autre famille.
Maman.	Est-ce que nous serons indépendants?

L'agente.	Tout à fait. Les appartements sont indépendants. Vous ne partagerez que l'escalier!
Maman.	Parfait ...

Madame Colbert fait la réservation du chalet. Puis elle fait des recherches sur l'internet pour trouver la meilleure façon de faire le trajet. En avion, c'est assez cher, donc elle choisit le train.

Le futur simple

Did you notice the odd verbs in the dialogue above?

vous **partagerez**
nous **serons**

We have already learnt how to express the future using the futur immédiat:

Je vais chanter = I am going to sing.
Nous allons manger. = We are going to eat.

But there is another tense called le futur simple, which is expressed in English by the words 'will' or 'shall'.

Here is the verb chanter in the futur simple. Notice how in English we use 'shall' in the 1st person but 'will' in the 2nd and 3rd person.

For most verbs, the formula is straightforward: the whole infinitive as far as the last 'r' is used as the **stem** (radical), followed by a set of **endings** (terminaisons) which are **the same for every verb**.

je chanter**ai**	I shall sing	nous chanter**ons**	we shall sing
tu chanter**as**	you will sing	vous chanter**ez**	you will sing
il chanter**a**	he will sing	ils chanter**ont**	they will sing
elle chanter**a**	she will sing	elles chanter**ont**	they will sing

Do the endings remind you of the verb **avoir**? They are like the present tense of avoir without **av-**.

Exercice 6.13

Ecris ces expressions au futur simple:

1. Je partage.
2. Il mange.
3. Elle trouve.
4. Nous arrivons.
5. Tu choisis.
6. Vous finissez.
7. Elles remplissent.
8. Je grandis.
9. Vous attendez.
10. Nous descendons.
11. Philippe vend.
12. On entend.
13. Elles ne partent pas.
14. On ne choisit pas.
15. Tu ne regardes pas.

Elles partageront!

Exercice 6.14

Traduis tes réponses de l'exercice 6.13 en anglais.

Exercice 6.15

Traduis en français:

1. She will find.
2. We shall hear.
3. You (s.) will travel.
4. We shall wait.
5. You (pl.) will choose.

6. They (m.) will fill.

7. He will go downstairs.

8. Marie will arrive.

9. I shall leave.

10. You (s.) will watch.

 Traduis en français:

11. He will clean the car.

12. Marc and Philippe will leave the house.

13. Georges will sell the bicycle.

14. Mum will lay the table.

15. Dad will do the hoovering.

16. You (s.) will not eat the bread.

17. You (pl.) will wait for me here.

18. They (m.) will find the map on the table.

19. She will look on the internet.

20. I shall not read the book.

Exercice 6.16

Here you need to choose between the possible future tenses, le futur immédiat and le futur simple.

Write the number of the sentence and then the tense in which you think it should be, e.g. 7. Futur immédiat.

1. Demain je **am going to read** le journal.

2. Ma mère **will listen to** la radio.

3. Tu **will find** la carte sur la table.

4. Vous **are going to search** sur l'internet.

5. Ma soeur et moi **depart** vendredi.

6. Georges **will not go up** à l'église aujourd'hui.

7. Comment **is he going to travel** mercredi prochain?

8. C'est possible qu'il **will hire** une voiture.

9. Je **shall put** ce pain dans mon panier.

10. Quelle pâtisserie **will you (pl.) choose**?

Exercice 6.17

Maintenant, traduis les verbes de l'exercice 6.15 en français et écris les phrases complètes.

Exercice 6.18

Dictée

You will be read this passage four times as described in Exercise 2.4. Remember to check your work carefully.

Le futur simple de quelques verbes irréguliers

Here are the irregular future stems you need to know. Note that some irregular verbs appear on this list, but a good many do not. With some verbs, the stem for the future simple is irregular. If they are not on the list they simply follow the normal rule.

Le verbe		Le radical du futur simple
aller	to go	ir-
avoir	to have	aur-
être	to be	ser-
faire	to do	fer-
devoir	to have to, to owe	devr-
envoyer	to send	enverr-
pouvoir	to be able	pourr-
recevoir	to receive	recevr-
savoir	to know	saur-
tenir	to hold	tiendr-
venir	to come	viendr-
voir	to see	verr-
vouloir	to want	voudr-

Le verbe		Le radical du futur simple
acheter	to buy	achèter-
appeler	to call	appeller-
jeter	to throw	jetter-
mener	to lead	mèner-
courir	to run	courr-
mourir	to die	mourr-
falloir	to be necessary	faudr-*
valoir	to be worth	vaudr-*
il faudra	it will be necessary	
il vaudra	it will be worth	
* impersonal verbs, only used with 'il':		

Exercice 6.19

Traduis en anglais:

1. Nous aurons.
2. Tu iras.
3. On verra.
4. Nous serons.
5. Ils devront.
6. Elle enverra.
7. Je pourrai.
8. Tu recevras.
9. On saura.
10. Il tiendra.

Exercice 6.20

Traduis en français:

1. She will come.
2. I shall run.
3. We shall not know.

4. They (f.) will want.

5. You (pl.) will see.

6. They (m.) will know.

7. I shall have.

8. You (s.) will be.

9. Monsieur Colbert will send.

10. Georges and Martine will receive.

 Traduis en français:

11. Will you (pl.) know?

12. They (m.) will not run.

13. She will not have to.

14. I shall not come.

15. Will he see?

16. Will they (f.) receive?

17. Shall we send?

18. I shall buy.

19. She will lead.

20. He will call.

Exercice 6.21

Lis le paragraphe. Fais attention aux **temps** des verbes:

Hier, **j'ai acheté** (1) le beau livre que j'**avais vu** (2) au magasin de ma tante. A midi, la librairie **était** (3) fermée. Je **suis rentré** (4) chez moi. Je suis revenu plus tard **acheter** (5) le livre. Maintenant je suis dans ma chambre. Je **lis** (6) le livre que j'ai acheté hier. Je **suis en train de regarder** (7) les belles photos sur ses pages. Cet après midi je **vais sortir** (8) faire une promenade à vélo. Demain j'**irai** (9) chez mon copain. On **regardera** (10) le match de foot à la télé.

Ecris le numéro de chaque verbe avec son **temps**.

*Write the number of each verb expression and say which **tense** it is in.*
e.g. 8. le futur immédiat

11. Give an example of a **descriptive expression in the past** used in the paragraph.
12. Give an example of a **construction with the infinitive** used in the paragraph.
13. Rewrite the expression in No. 7 in the imparfait.
14. Rewrite No. 8 in the futur simple.
15. List (in the infinitive) the irregular verbs used in the paragraph.

Exercice 6.22

Lis le dialogue et le petit texte et écoute le CD.

C'était vendredi soir. Toute la famille était en train de faire les valises pour partir le lendemain en vacances de neige dans les Alpes. Peter est entré dans le salon.

Peter.	Excusez-moi, madame, mais ...
Maman.	Qu'est-ce que tu as, Peter? Tu es tout pâle!
Peter.	Je ne me sens pas bien.
Martine.	Tu as mal à la tête?
Peter.	Oui, et j'ai mal au ventre.

* * *

Georges.	Qu'est-ce qu'on va faire si Peter ne peut pas venir en vacances?
Martine.	Il doit venir! On va aller tout de suite à la pharmacie de garde!
Maman.	D'accord. Va avec papa dans la voiture. C'est assez loin.

* * *

Le pharmacien a demandé à Peter ce qui n'allait pas, et Peter lui a expliqué qu'il avait mal à la tête et au ventre, et qu'il avait mal dormi. Le pharmacien a dit que ce n'était pas très grave, et qu'il pouvait partir faire du ski. Mais il lui a conseillé de se coucher tôt et il lui a donné des comprimés. Il a dit qu'il était très fatigué après son trimestre à l'école en Angleterre et le voyage en France. Dans la voiture, papa l'a taquiné.

«Donc, tu n'aimes pas faire du ski, c'est ça?» Heureusement, Peter a ri!

la pharmacie de garde	the duty chemist (open at night)
grave	serious
ce qui n'allait pas	what was wrong
taquiner	to tease

Dans le texte, trouve les expressions françaises pour:

1. The following day.
2. What's the matter, Peter?
3. Do you have a headache?
4. In the process of packing.
5. I don't feel well.
6. What are we going to do?
7. He had slept badly.
8. He advised him.
9. Dad teased him.
10. Fortunately.

Exercice 6.23

Maintenant, écris en français:

1. She had a headache.
2. We were in the process of leaving.
3. My mother does not feel well.
4. What is he going to do?
5. What are you (s.) going to do?
6. They had slept well.
7. I had not slept well.
8. They advised me.
9. I advised them.
10. She teased me.

Les adverbes: rappel

An adverb tells you more about **how** something is done. The most common way to make an adverb is to take an adjective and add –ment, just as in English we add -ly:

vrai	(true)	vraiment	(truly, really)

To do this, we need a vowel before –ment, so, if there isn't one, we make the adjective feminine:

lent	(slow)	lentement	(slowly)

Some adverbs used every day are irregular. Here is a shortlist of the prime suspects!

bien	well
vite	quickly
mal	badly
mieux	better
moins bien	not as well, worse
pire	worse
encore	again
trop	too much
souvent	often
quelquefois	sometimes
longtemps	for a long time
peu	little, not much
toujours	always
tous les jours	every day

Exercice 6.24

Create a wordsearch in which all the above adverbs appear, or as many as you can fit in. Give the wordsearch to another member of your group or class to do. See how quickly he/she can find all the words.

Exercice 6.25

Dictée

You will be read the passage four times as deseribed in Exercice 2.4. Check your work carefully.

Vocabulaire 6

Des mots indispensables de ce chapitre:

Les noms

une annonce	advertisement
la casserole	saucepan
la cour	courtyard
la douane	the customs
les environs	the surrounding area
une étagère	shelf
le four à micro-ondes	microwave
le frigo	fridge
la glace	mirror
le lave-linge	washing machine
le lave-vaisselle	dishwasher
les meubles	the furniture
un oreiller	pillow
le réveil	alarm clock
le rideau	curtain
le tapis	rug

Les verbes

reconnaître	to recognise
taquiner	to tease

Les adjectifs

grave	serious
sincère	sincere
têtu (f. têtue)	headstrong, obstinate

Les adverbes

avec prudence (f.)	with care, carefully
de nouveau	once again
longtemps	for a long time
mieux	better
moins bien	not as well
peu	little, not much
pire	worse

provisoirement	temporarily
quelquefois	sometimes
D'autres expressions	
au lieu de	instead of
ça n'allait pas	something was wrong
donner sur	to look out onto
elle lui a montré	she showed him (literally *to* him or her)
se mettre en route	to set off
tirer les rideaux	to draw the curtains

Vive la France!

La mode

Paris est depuis toujours le centre européen de la mode. On n'a qu'à penser à tous les noms de designers ou de couturiers les plus connus pour en être convaincu.

Même les maisons étrangères de couture se trouvent obligées d'être présentes aux défilés de mode de Paris.

Ci-dessous, une création de Giorgio Armani, depuis longtemps un des rois de la mode. On pense aussi à Coco Chanel, Nina Ricci, Christian Dior et Yves Saint-Laurent. Les vêtements qu'on regarde pendant les défilés de mode sont parfois bizarres, mais c'est ici que naît la mode de tous les jours.

(a) Qu'as-tu compris? Ecris quelques lignes en anglais sur *La Mode,* ou traduis le passage.

(b) Vrai ou faux?

1. Il n'y a pas beaucoup de designers ou couturiers étrangers aussi bien connus que les français.
2. A Paris on voit le label des designers étrangers aux défilés de mode.
3. Les créations des maisons de mode n'influencent pas les vêtements ordinaires.
4. Giorgio Armani est un des designers les plus importants de Paris.

(c) A toi de créer des vêtements fantaisistes! Fais un dessin: une jupe, un jean, des chaussures. Attache ton *label designer*!

Bravo!

Tu as fini le sixième chapitre!

In the next chapter you will be off on a skiing holiday, will be doing some work on expressions in the negative and will be learning about the comparison of adjectives and adverbs. You will also meet another new tense, the conditional.

Chapitre 7

A la station de ski

CD 37

Exercice 7.1

Lis et écoute le passage et puis traduis en anglais.

Toute la famille a quitté la maison samedi matin à sept heures. Il faisait toujours noir. En route pour la gare de TGV à Nantes, Peter a pu dormir dans la voiture. Tout le monde s'est levé très tôt; personne n'a mangé. Papa a fait du café et on a chargé les bagages dans le coffre de la voiture.

En partant, on a essayé de ne pas faire de bruit, mais ce n'était pas facile. On voyait Monsieur Simonneau qui regardait les allées et venues de derrière la fenêtre de sa salle de bains. Georges était excité, mais Martine somnolait – se lever à une heure aussi matinale lui paraissait cruel! Maman conduisait pendant que papa lui indiquait la route. Il n'y avait pas beaucoup de circulation. On roulait en silence. Personne ne parlait...

On a trouvé le parking longue-durée sans problème, et maman a garé la voiture, après avoir pris un ticket. Papa a cherché un chariot pour les valises, et la famille s'est dirigée vers l'entrée de la gare. Papa a parlé à Peter.

CD 38

Exercice 7.2

Ecoute le dialogue et traduis en anglais. Puis apprends le vocabulaire.

Papa.	Tu vois, Peter, c'est pratique.
Peter.	Qu'est-ce que c'est, monsieur?
Papa.	C'est le guichet automatique. Il y en a plusieurs: regarde!
Peter.	Ah oui. Comment est-ce qu'on …?
Papa.	Tu n'as qu'à toucher l'écran. Tu choisis ta destination … hop! Voilà! Aller simple ou aller-retour? Ensuite tu décides si tu veux aller en première ou en deuxième classe? Allez, touche! Ensuite, on est combien de personnes?
Peter.	Euh, trois enfants et … deux adultes …
Papa.	Maintenant, on attend quelques secondes, et … voilà: on a le choix de trois TGV qui partent aujourd'hui. Et … il faut prendre une correspondance. C'est à dire qu'il faudra changer de train à Paris. Alors, huit heures et demie, neuf heures quarante-deux ou midi vingt?
Peter.	Huit heures et demie?
Papa.	Oui! On pourra prendre le petit-dêjeuner dans le train. D'accord? Donc, je mets ma carte de crédit dans la fente, et … je compose le code secret. C'est bon. C'est fait. On peut y aller!
Georges.	Papa, tu n'a pas composté les billets.
Papa.	Ce n'est pas nécessaire avec les billets des guichets automatiques. C'est déjà fait!

les allées et venues	the comings and goings
une heure aussi matinale	such an early hour
le coffre	the boot (of a car)
somnoler	to doze
le parking longue-durée	long-stay car park
paraître cruel	to seem cruel
diriger	to direct
se diriger (vers)	to head (towards), to make one's way (to)
un chariot	a trolley
pratique	practical, convenient
le guichet	ticket office
le guichet automatique	automatic ticket machine
plusieurs	several

tu n'as qu'à ...	all you have to do is ...
l'écran (m.)	screen
la correspondance	change of trains, connection
composter	to validate (date-stamp) a ticket
la fente	slot
composer un code secret	to enter a PIN number

Il n'y avait pas beaucoup de monde dans le train. Quand il est arrivé à la Gare de Montparnasse, tout le monde est descendu et les Colbert et Peter ont dû traverser Paris en métro pour arriver à la Gare de Lyon. Avec les bagages, ce n'était pas très facile. Martine a expliqué à Peter.

Exercice 7.3

Ecoute le dialogue, puis réponds aux questions.

Martine.	D'abord, il faut acheter un carnet de tickets de métro. Un carnet, c'est dix tickets au prix de six!
Peter.	Alors c'est moins cher!
Martine.	Beaucoup moins cher. Puis on peut les utiliser au fur et à mesure!
Georges.	Mais on les jette après.
Martine.	Oui. On ne les recycle pas!

le carnet	'book' of ten tickets at a reduced price
au fur et à mesure	as and when needed, as one goes along
jeter	to throw away
recycler	to recycle

Réponds aux questions en anglais:

1. What happened at seven o'clock that morning?
2. What was the conversation in the car like?
3. What did Martine think about getting up early on a Saturday morning?
4. What did Dad do first when they arrived at the station in the car?
5. How does one use the automatic ticket machine?
6. What was the departure time of the latest train they could have taken that day?
7. Where would the family have breakfast?

8. What did Georges think Dad had forgotten?

9. Why was this not the case?

10. How did the family get to their connection at the Gare de Lyon?

Exercice 7.4

Copie et complète les phrases en utilisant les verbes entre parenthèses conjugés au passé composé:

1.	La famille .... en vacances.	(partir)
2.	On .... à la gare à onze heures.	(arriver)
3.	Vous .... un bon voyage?	(faire)
4.	Georges et Martine .... dans la voiture.	(dormir)
5.	Maman .... la carte routière.	(lire)
6.	Je n'......... pas .... de lire le journal.	(finir)
7.	Ils .... le petit-déjeuner dans le train.	(prendre)
8.	A Paris ils .... prendre le métro.	(devoir)
9.	Papa .... un carnet de tickets.	(acheter)
10.	Tu n'........... pas .... les tickets.	(recycler)

Les expressions négatives

Here is a full list of negative expressions, to remind you of the ones you have met already and to complete your collection.

ne … pas	not
ne … plus	no longer, not any longer, no more
ne … jamais	never, not ever
ne … rien	nothing, not anything
ne … personne	no one, not anyone
ne … ni … ni	neither … nor …

Exemple:

Elle ne va jamais au cinéma.	She never goes to the cinema.
On ne porte ni jeans ni baskets ici.	You don't wear jeans or trainers here.

But with ne … que (only), which is not really a negative, we use des.

Exemples:

Maman n'a acheté que des fruits au marché.	Mum only bought fruit at the market.
Je n'ai que trois bonbons	I only have three sweets.

De or des?

With negative expressions, **de** is used (even with plurals).

Exemple:

Je ne mange plus de bananes.	I no longer eat bananas.
Je n'achète jamais de bonbons.	I never buy sweets.

La négation avec des verbes conjugués au passé composé et au plus-que-parfait

When using these negative expressions with verbs in the perfect or pluperfect tenses, simply make the **avoir** or **être** part negative, then add the **participe passé**:

Elle n'a rien vu.	She hasn't seen anything.
On n'avait pas mangé.	We hadn't eaten.
Il n'est jamais venu chez moi.	He has never come to my house.

La négation avec un verbe à l'infinitif

When using these negative expressions with an infinitive, make the verb before the infinitive negative, then add the infinitive:

On ne va plus aller au parc.	We're not going to go to the park any more.

No one is a special case!

'Personne' and 'rien' can be both the subject and object in a sentence.

On n'a trouvé personne à la piscine.	We found no one at the swimming pool.
Personne ne m'a vu.	No one saw me.
Rien n'est arrivé.	Nothing happened.

Again, notice how these expressions appear to be double negatives.

Exercice 7.5

Recopie ces phrases avec la forme négative correcte.

Rappel! Après une expression négative, on n'écrit pas *du, de la, de l'* ou *des,* on écrit '*de*'.

1.	Georges a grimpé dans les arbres.	pas
2.	Maman avait pris des photos.	jamais
3.	Jérôme et moi avons promené le chien.	pas
4.	Il y avait de la neige.	plus
5.	On s'est installés sur l'herbe.	pas
6.	Tu vas venir chez nous?	plus
7.	M. Colbert a voyagé par le train.	jamais
8.	Martine et ses amies ont fait 30 km à vélo.	que
9.	On voit des chevaux dans la rue.	guère
10.	Paul veut aller en vacances de neige.	pas

Recopie ces phrases avec la forme de négative correcte:

11.	Nous avons ouvert la fenêtre.	not
12.	Tu as fini ton repas?	not
13.	Ils arrivaient à temps.	never
14.	Vous aller partir dans trois minutes!	not
15.	.... a sorti les poubelles aujourd'hui!	no one
16.	Je .... ai .... vu sur le quai de la gare.	nothing
17.	Mon père va trouver son stylo.	never
18.	Je monte à cheval.	no longer
19.	Tu as lu l'article?	not
20.	Mon frère joue avec le chien de Pierre.	no longer

Exercice 7.6

Traduis les réponses de l'exercice 7.5 (1.-10.) en anglais. Fais très attention aux temps des verbes.

Exercice 7.7

Ecoute ce petit texte et le dialogue, et puis réponds aux questions.

Les Colbert ont mis une journée entière pour arriver à leur destination. Le TGV était rapide et confortable, mais il a fallu changer deux fois. Quand ils sont arrivés aux Gets, il faisait déjà nuit, et très froid, mais ils ont demandé les directions et ils ont vite trouvé le chalet. Le propriétaire du chalet est venu leur ouvrir. Il s'appelait Monsieur Schmidt. Il était rondelet, aimable, et très accueillant.

Papa. Bonjour monsieur! Je m'appelle Colbert.
M. Schmidt. Bonjour messieurs dames.
Papa. C'est vous, le propriétaire de ce chalet?
M. Schmidt. C'est exact, monsieur. Carl Schmidt.
Papa. Je vous présente ma famille … *(ils disent bonjour)* et Peter, notre ami anglais – enfin, le correspondant de ma fille.
Peter. Bonjour monsieur.
M. Schmidt. Ah! On voit qu'il parle déjà français! Enchanté, jeune homme!
Papa. Il fait froid! Est-ce qu'on peut monter les bagages et nous installer?
M. Schmidt. Mais bien sûr, monsieur. C'est par ici! Il fait noir, mais, je vais allumer la minuterie. Donc, vous êtes au premier étage, et vous aurez toutes les pièces de ce côté du palier. Vous partagerez l'escalier, c'est tout.
Maman. Quelle heure est-il Georges?
Georges. Je n'ai plus ma montre! Tu te rappelles, je l'ai perdue quand on est allés faire de la voile la deuxième fois!
Martine. Papa, j'ai très faim. On va dîner ce soir?
Papa. Mais oui! On va manger au resto. Il est quelle heure?
Martine. Neuf heures dix!
Maman. Il faut nous dépêcher! Mais je veux prendre une douche et me changer!
Papa. Bon, c'est décidé. Georges et moi, on va aller chercher des pizzas à emporter. Comme ça, vous ne devrez pas sortir. On pourra se reposer et se coucher tôt.
Maman. Tu penses à tout!
Georges. Et demain on va faire du ski!

la journée	day
entier	whole
rondelet	round, plump, nicely rounded
enchanté (f. enchantée)	delighted
s'installer	to settle in
la minuterie	timed light for stairways and dark corridors
par ici	this way
se dépêcher	to hurry
à emporter	to take away
de ce côté	on this side
le palier	landing

Réponds aux questions en anglais:

1. How long did the journey from home to the ski resort take?
2. Describe the weather and light conditions when they arrived.
3. Who let them in to the chalet?
4. What does papa ask if they can do?
5. When did Georges lose his watch?
6. Why do you think Martine is so hungry?
7. Why was it a bad idea to go to a restaurant?
8. What did they decide to eat?
9. Apart from being able to relax, what else could they do that evening?
10. What was Mum's reaction?

Exercice 7.8

Traduis en français:

We arrived at seven p.m. It was already dark, and you could see snowflakes falling[1]. My friend (f.), who had not slept in the car, was very tired. My brother was reading the map, but it was difficult and he could not see very well. We had to[2] ask the way.

N.B.

[1] Say 'some' snowflakes 'which were' falling.
[2] Use 'on' and the passé composé.

a snowflake	un flocon de neige

Les verbes: apprendre

apprendre = to learn
This verb acts like **prendre**, indeed, you can see **prendre** in every part of the verb.

j'apprends	nous apprenons
tu apprends	vous apprenez
il apprend	ils apprennent
elle apprend	elles apprennent

participe passé: appris
futur simple: j'apprendrai

N.B. To learn **to** do something is: apprendre **à** (+ infinitve)

Exercice 7.9

Traduis en anglais:

1. Georges apprend à faire du ski.
2. Nous apprenons à chanter.
3. Ils apprennent à nager.
4. On apprend vite ici: c'est une bonne école.
5. Vous apprenez à parler français.
6. Tu n'apprends pas.
7. Qu'est-ce que tu fais?
8. J'apprends les verbes pour le test de demain.
9. Elles apprennent à faire du patinage sur glace.
10. Il apprend sa grammaire.

Exercice 7.10

Traduis en français:

1. What are you (s.) learning?
2. He's learning to play the violin.

3. We are learning to speak Russian.
4. Can you (pl.) learn at home?
5. He does not learn French.
6. They (m.) have to learn.
7. When do you (s.) learn to play squash?
8. Is he learning to ride horses?
9. Where can one learn to ski?
10. How many beginners are learning?

Traduis en français:

11. How did you learn to ski?
12. Where did she learn to play?
13. I learned in Switzerland.
14. They learned to dance in London.
15. I do not want to learn to swim.

Exercice 7.11

Copie et complète les phrases avec une expression pour 'to the' ou 'at the':

1. La famille est arrivée .... gare.
2. .... parking, on a vite trouvé une place.
3. Martine a couru .... escalier.
4. On est descendus .... arrêt d'autobus.
5. .... station de métro, on a acheté un carnet.
6. Tu veux aller .... magasins?
7. Georges est allé .... banque avec maman.
8. .... école, j'apprends à parler anglais.
9. J'aimerais monter .... Tour Eiffel.
10. Rendez-vous .... l'Arc de Triomphe!

Exercice 7.12

Lis le passage, à haute voix. Traduis en anglais et apprends le vocabulaire.

Peter était débutant, c'est à dire que c'était la première fois qu'il allait faire du ski. Le matin de sa première sortie sur les pistes, il a posé beaucoup de questions à Georges et à ses parents. Au petit déjeuner, il était trop excité pour manger!

Les Colbert et Peter sont sortis du chalet vers neuf heures du matin. Pendant la nuit il avait neigé, et tout était couvert d'une couche de neige poudreuse. La montagne était encore plus belle que d'habitude, et la neige scintillait dans les pins. Maman et papa ont regardé un petit plan des environs de la ville, et sont allés à pied au magasin de ski. Papa a loué tout le nécessaire – des skis, des chaussures de ski et des bâtons, et on a acheté une salopette et des gants pour Peter qui n'en avait pas. Puis on est repartis sur les pistes et on a fait la queue pour acheter des ski-pass pour le remonte-pente. Papa, maman et Georges sont partis sur une piste rouge, car ils étaient des skieurs expérimentés, tandis que Martine a accompagné Peter à l'école de ski.

Il y avait deux moniteurs et une monitrice. Martine a tout expliqué à un moniteur qui les a mis dans un groupe de dix débutants et débutantes.

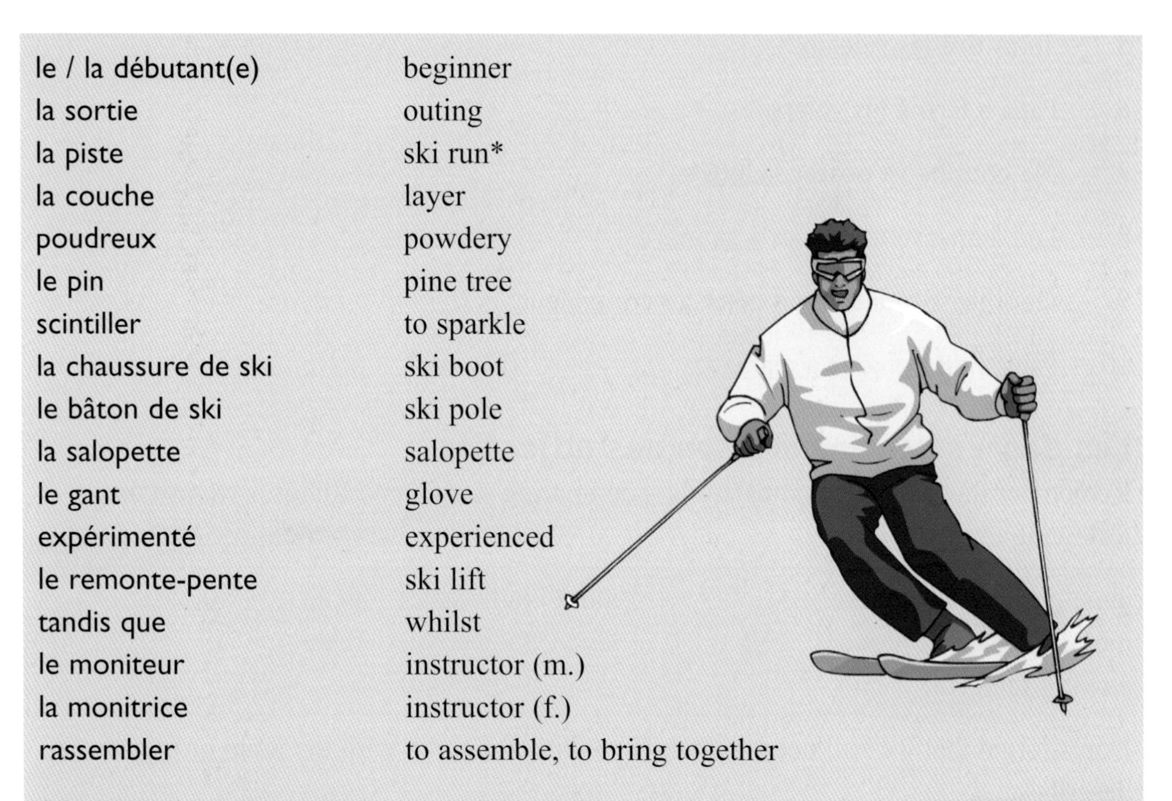

le / la débutant(e)	beginner
la sortie	outing
la piste	ski run*
la couche	layer
poudreux	powdery
le pin	pine tree
scintiller	to sparkle
la chaussure de ski	ski boot
le bâton de ski	ski pole
la salopette	salopette
le gant	glove
expérimenté	experienced
le remonte-pente	ski lift
tandis que	whilst
le moniteur	instructor (m.)
la monitrice	instructor (f.)
rassembler	to assemble, to bring together

* **la piste** also means any long, straight surface such as a runway, or a playing area for activities such as fencing.

Exercice 7.13

Regarde les exemples, puis recopie les phrases, en remplaçant les expressions soulignées par des pronoms.

Exemples:

Je **l'**ai vu**e**.	(feminine direct object, passé composé)
Nous ne **les** avons pas regardé**s**.	(plural direct object, passé composé)
Tu dois **le** faire maintenant.	(object goes before infinitive)
Elle **lui** a écrit.	(indirect object)

1. Pierre et Jean ont mis les débutants ensemble.
2. Marie a allumé la télévision.
3. J'ai fait le ménage.
4. Ma soeur a sorti les poubelles.

5. Tu as tiré les rideaux?

6. Papa a fermé les volets.

7. Ma cousine va poster la lettre.

8. Luc a envoyé le paquet à sa mère.

9. Georges a montré son billet au contrôleur.

10. Papa a dit bonjour à maman.

Les degrés de comparaison des adjectifs

Remember that to make comparisons – comparing people and things – we use the following expressions:

plus	(adjectif)	que	more	(adjective)	than
moins	(adjectif)	que	less	(adjective)	than
aussi	(adjectif)	que	as	(adjective)	as

Don't forget that we still need to make the adjective agree with the noun or pronoun it describes:

Sophie est plus intelligent**e** que Charles.

Les frères de Marie sont aussi fort**s** que leurs cousins.

Les comparatifs irréguliers de certains adjectifs

Some adjectives have irregular comparatives:

bon (good) — meilleur (better)
mauvais (bad) — pire (worse)

Les degrés de comparaison des adverbes

The comparison rules apply to adverbs as well as adjectives. Just as we can say 'he is taller than Paul', so we can say 'she skis better than Sophie'. In the second example, the word 'better' describes the verb 'skis', so it is an adverb.

plus	(adverbe)	que	more	(adverb)	than
moins	(adverbe)	que	less	(adverb)	than
aussi	(adverbe)	que	as	(adverb)	as

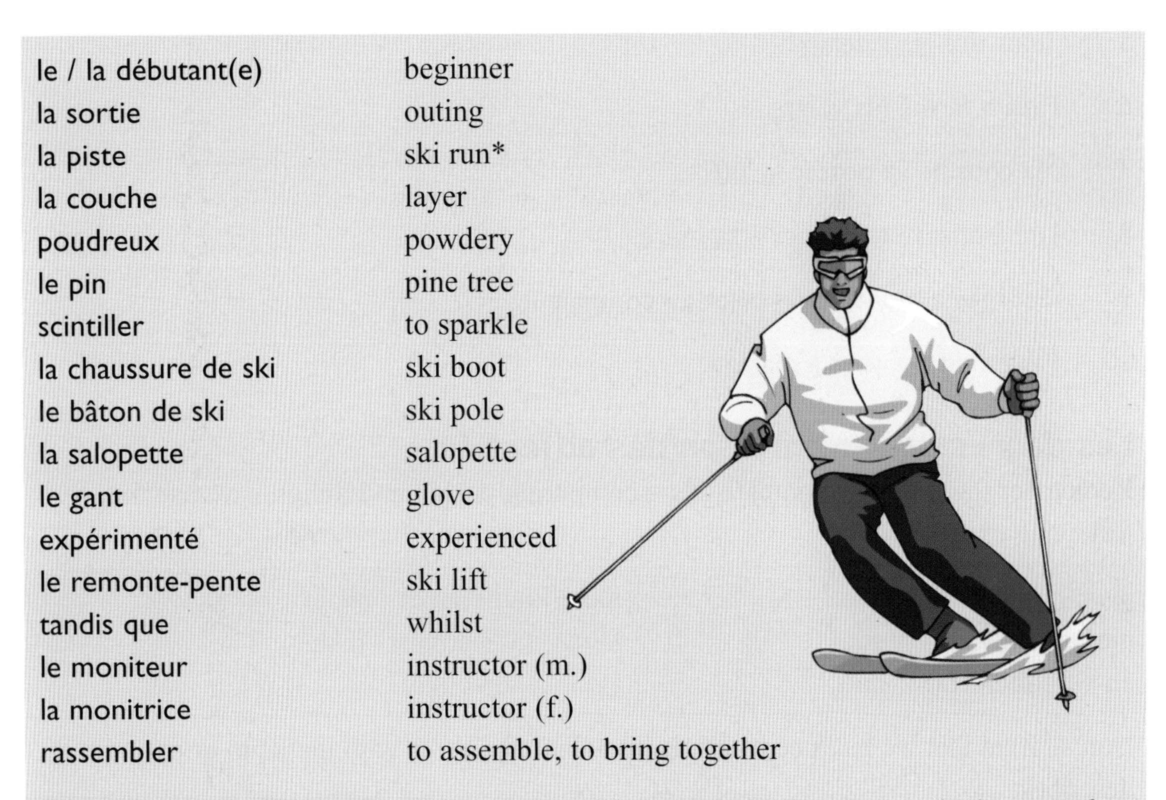

le / la débutant(e)	beginner
la sortie	outing
la piste	ski run*
la couche	layer
poudreux	powdery
le pin	pine tree
scintiller	to sparkle
la chaussure de ski	ski boot
le bâton de ski	ski pole
la salopette	salopette
le gant	glove
expérimenté	experienced
le remonte-pente	ski lift
tandis que	whilst
le moniteur	instructor (m.)
la monitrice	instructor (f.)
rassembler	to assemble, to bring together

* la piste also means any long, straight surface such as a runway, or a playing area for activities such as fencing.

Exercice 7.13

Regarde les exemples, puis recopie les phrases, en remplaçant les expressions soulignées par des pronoms.

Exemples:

Je **l'**ai vu**e**.	(feminine direct object, passé composé)
Nous ne **les** avons pas regardé**s**.	(plural direct object, passé composé)
Tu dois **le** faire maintenant.	(object goes before infinitive)
Elle **lui** a écrit.	(indirect object)

1. Pierre et Jean ont mis les débutants ensemble.
2. Marie a allumé la télévision.
3. J'ai fait le ménage.
4. Ma soeur a sorti les poubelles.

5. Tu as tiré les rideaux?

6. Papa a fermé les volets.

7. Ma cousine va poster la lettre.

8. Luc a envoyé le paquet à sa mère.

9. Georges a montré son billet au contrôleur.

10. Papa a dit bonjour à maman.

Les degrés de comparaison des adjectifs

Remember that to make comparisons – comparing people and things – we use the following expressions:

plus	(adjectif)	que	more	(adjective)	than
moins	(adjectif)	que	less	(adjective)	than
aussi	(adjectif)	que	as	(adjective)	as

Don't forget that we still need to make the adjective agree with the noun or pronoun it describes:

Sophie est plus intelligente que Charles.

Les frères de Marie sont aussi forts que leurs cousins.

Les comparatifs irréguliers de certains adjectifs

Some adjectives have irregular comparatives:

bon (good)	meilleur (better)
mauvais (bad)	pire (worse)

Les degrés de comparaison des adverbes

The comparison rules apply to adverbs as well as adjectives. Just as we can say 'he is taller than Paul', so we can say 'she skis better than Sophie'. In the second example, the word 'better' describes the verb 'skis', so it is an adverb.

plus	(adverbe)	que	more	(adverb)	than
moins	(adverbe)	que	less	(adverb)	than
aussi	(adverbe)	que	as	(adverb)	as

Adverbs do not 'agree', they are invariable:

Elle skie plus rapidement que sa soeur.

Les comparatifs irréguliers de quelques adverbes

Some adverbs also have irregular comparatives:

bien (well)	mieux (better)
mal (badly)	pis (worse)
peu (little)	moins (less)

Exercice 7.14

Ecris en français:

1. Bigger than (f.)
2. Smaller than (m.)
3. As intelligent (m. pl.) as
4. More talkative (f.) than
5. Shorter (m.) than
6. More dangerous (f.) than

7. Lower (m.) than

8. More slippery (m. pl.) than

9. Less useful (f. pl.) than

10. As practical (m.) as

low	bas (f. basse)
slippery	glissant
useful	utile
practical	pratique

Exercice 7.15

Traduis en français:

1. Peter is taller than Georges.

2. Georges is as tall as his sister.

3. The boys are kinder than the girls.

4. She is more talkative than Paul.

5. My uncle is shorter than your aunt.

6. Skis are more dangerous than bikes*.

7. The river is lower than the town.

8. The street is more slippery than the pavement.

9. Trains are less comfortable than cars*.

10. Yes, but they are more practical.

* *With generalisations like these, say '**the** skis, **the** bikes,' etc.*

Exercice 7.16

Recopie ces phrases. Souligne les adverbes, puis traduis les phrases en anglais:

1. George court vite.

2. Sabine mange lentement.

3. J'aime lire rapidement.

4. Ma soeur écrit bien.

5. Marcel mange peu.

6. Ses amis nagent beaucoup.

7. Tu lis vite.

8. Marie vient souvent chez nous.

9. L'oncle de Georges fume trop.

10. J'ai conduit dangereusement.

Exercice 7.17

Liste ces mots sous deux titres: ***Les adjectifs*** et ***Les adverbes:***

faible	vite	rapide	lent	lentement	mal
bon	mauvais	actuel	rapidement	trop	souvent
peu	long	beaucoup	actuellement	petit	bien
longtemps	bientôt				

Exercice 7.18

To make a **comparative** sentence out of each question below, decide if the word in **bold** is an adjective or an adverb, then look at the sign in brackets after the sentence. A plus sign means 'more' and a minus sign means 'less'. The equals sign means 'as … as'. For example:

Jeanne court **vite** / moi. (+) > Jeanne court *plus* **vite** *que* moi.
Tu es **grande** / Jeanne. (-) > Tu es *moins* **grande** *que* Jeanne.
Je lis **rapidement** / toi. (=) > Je lis *aussi* **rapidement** *que* toi.

Récris ces phrases en utilisant les degrés de comparaison des adjectifs et des adverbes. N'oublie pas le mot «que».

1. Jacob court **vite** / moi. (-)

2. Vous êtes **intelligentes** / Anne. (+)

3. Philippe écrit **rapidement** / Jeanne. (=)

4. Notre voiture est **confortable** / la tienne. (+)

5. La porte s'ouvre **facilement** / la fenêtre. (+)

6. Ton t-shirt est **beau** / le mien. (+)

7. La maman de Jacques n'est pas **belle** / la nôtre. (=)

8. Le stylo de Paul marche **bien** / le mien. (+)

9. Ta maison est **moderne** / la leur. (+)

10. J'attends **longtemps** ici / à l'autre arrêt de bus. (-)

Exercice 7.19

Ecoute le passage et le dialogue. Relis-le à haute voix, pour pratiquer ta lecture et améliorer ton accent.

Peter s'intéressait beaucoup aux différences entre la station de ski et le village en Vendée, et aussi entre la France et l'Angleterre, son pays natal. Il en a parlé avec Georges et Martine. Chez lui, près de Londres en Angleterre, il y a beaucoup d'habitants et de circulation, et c'est dangereux de jouer dans la rue.

Peter. Il y a plus de touristes ici qu'en Vendée!

Georges. Oui. C'est normal. En hiver, ils sont déjà partis depuis longtemps.

Martine. Par contre, ici ils sont nombreux car ils viennent faire du ski.

Georges. Quels sont les différences entre Les Gets, et la ville où tu habites en Angleterre?

Peter. Tout d'abord on ne voit pas de maisons comme celles-ci.

Martine. Bien sûr. On voit seulement des chalets là où il y a beaucoup de neige en hiver.

Peter. Oui. Les toits des chalets sont plus grands que les toits des maisons anglaises. Puis, les rues sont plus larges ici. Il y a moins de neige en Angleterre. Quelquefois, en hiver, il ne neige pas du tout.

Georges. Il y a d'autres différences?

Peter. Eh bien oui. Chez nous, les bâtiments sont plus hauts en ville. Il y a plus de voitures dans les rues. On a du mal à traverser la rue. Chez nous la banlieue est énorme. Ici il y a le village, et en dehors du village il y a la campagne – beaucoup d'espaces verts où il n'y a pas de maisons.

Martine. C'est vrai. Il y a des fermes et c'est tout. Ici on est à la montagne, il y a aussi des collines. En Vendée, près de la côte atlantique, le terrain est plat. Ici c'est plus bruyant, mais c'est agréable!

Georges. J'aimerais venir en Angleterre. Ce pays est sans doute très différent de la France. Tu m'invites, Peter?

Peter. Bien sûr!

le pays	country (e.g. France)
natal	of birth
la colline	hill
large	wide
plat	flat (adj.)
la banlieue	suburbs
un espace	space

Exercice 7.20

Lis le passage de l'exercice 7.19. Réponds aux questions en anglais:

1. What was Peter interested in?
2. What would it have been dangerous to do near his home in England?
3. What difference had the winter caused, between the Vendée and the Alps?
4. Which is the first difference mentioned by Peter, between Les Gets and his home town?
5. What does he say about the streets?
6. What does he say about the weather?
7. What is the major physical difference between the Vendée and the Alps?

Exercice 7.21

Trouve dans le passage de l'exercice 7.19 les expressions françaises pour:

1. He spoke of it.
2. There is a large population.
3. It is dangerous to play.
4. More tourists.
5. There are lots of them.
6. The town you live in.
7. Houses like these ones. *(Begin your answer with* 'Des ...'*)*
8. Only where there's lots of snow.

9. Here, we're in the mountains.

10. I would like to come to England.

Exercice 7.22

Traduis en français:

1. She sang about it.

2. There wasn't really a big population.

3. It was easy to see.

4. Fewer visitors.

5. There aren't very many of them.

6. The room you (pl.) eat in.

7. Days like these ones. (See below)

8. Only where there's less traffic.

9. There, we're in the hills.

10. I would like to leave London.

Le pronom démonstratif

When comparing, it is useful to be able to say '*this one* is better than *that one*', '*these* are shorter than *those*', etc. These are demonstrative pronouns.

	M	F
this (one)	celui-ci	celle-ci
that (one)	celui-là	celle-là
these (ones)	ceux-ci	celles-ci
those (ones)	ceux-là	celles-là

You do not have to use these expressions very often, but it is helpful to know what they are, so you are not taken by surprise if you see them in a passage of French.

Exercice 7.23

Traduis en français:

1. This room is bigger than that one.
2. That house is better than this one.
3. This girl is taller than that one.
4. This one (f.) is prettier than that one.
5. That one (m.) is shorter than this one.
6. These cars are faster than those.
7. Those disks are lighter than these.
8. This computer is heavier than that one.
9. These dogs are nicer than those.
10. Those pens write better than these. *(Attention! 'Better' est un adverbe.)*

light	léger (f. légère)
heavy	lourd

Le conditionnel

The conditional tense, le conditionnel, is used to say 'would'. It is formed from the futur simple stem and the imparfait endings, as in 'je voudrais', which we use to say 'I'd like to ...'.

Chanter, au conditionnel:

je chanter**ais**	I would sing	nous chanter**ions**	we would sing
tu chanter**ais**	you would sing	vous chanter**iez**	you would sing
il chanter**ait**	he would sing	ils chanter**aient**	they would sing
elle chanter**ait**	she would sing	elles chanter**aient**	they would sing

Un verbe irregulier, avoir, au conditionnel:

j'aur**ais**	I would have	nous aur**ions**	we would have
tu aur**ais**	you would have	vous aur**iez**	you would have
il aur**ait**	he would have	ils aur**aient**	they would have
elle aur**ait**	she would have	elles aur**aient**	they would have

Exercice 7.24

Mets ces verbes au conditionnel:

1. Elle chante.
2. On mange.
3. Je trouve.
4. Tu arrives.
5. Vous choisissez.
6. Je finis.
7. Elle remplit.
8. Nous grandissons.
9. Vous vendez.
10. Il descend.
11. On vend.
12. Tu entends.
13. Philippe ne sort pas.
14. Maman ne punit pas.
15. Vous ne regardez pas.

Exercice 7.25

Traduis en français:

1. He would watch.
2. I would hear.
3. You (pl.) would travel.
4. They (f.) would go.
5. You (pl.) would punish.
6. They (m.) would fill.
7. We would eat.
8. Papa would leave.
9. I would go out.
10. You (s.) would find.

Traduis en français:

11. He would clean the house.
12. Mum and dad would leave the house.
13. Martine would buy the bicycle.
14. Mum would take the bins out.
15. Dad would arrive early.
16. You (s.) would not eat the fish.
17. You (pl.) would listen to me.
18. They (m.) would ask for a leaflet.
19. She would run to the shop.
20. I would not see the programme.

Exercice 7.26

Dictée

You will be read the passage four times as described in Exercise 2.4. Check your work carefully.

Vocabulaire 7

Des mots indispensables de ce chapitre:

Les noms

le carnet	'book' of ten tickets for a reduced price
le coffre	the boot (of a car)
la colline	hill
la correspondance	change of trains, connection
le / la débutant(e)	beginner
un écran	screen
un espace	space
le gant	glove
le guichet	ticket office
la journée	day
le moniteur	instructor (m.)
la monitrice	instructor (f.)
le palier	landing
le pays	country (e.g. France)
la piste	ski run
le remonte-pente	ski lift

Les verbes

composter	to validate (date-stamp) a ticket
emporter	to take away
jeter	to throw away
rassembler	to assemble, to bring together
se dépêcher	to hurry
se diriger (vers)	to head (towards), to make one's way to
s'installer	to settle in
somnoler	to doze

Les adjectifs	
bas (f. basse)	low
enchanté (f. enchantée)	delighted
entier (f. entière)	whole
glissant (f. glissante)	slippery
large	wide
natal (f. natale)	of birth
plat (f. plate)	flat
pratique	practical, convenient
utile	useful
Les adverbes	
de ce côté	on this side
mal	badly
peu	a little
D'autres expressions	
tandis que	whilst

Vive la France!

Louis Blériot

Louis Blériot est mieux connu pour avoir traversé la Manche en avion. C'était un ingénieur français dont le métier était la construction de lanternes d'automobile. Mais l'aviation le fascinait, et il a construit son propre avion en 1907. Blériot a reçu le premier 'brevet' (permis) de pilote de l'air en 1910.

Quand le *Daily Mail* a lancé un défi aux aviateurs d'être le premier à traverser la Manche, Blériot a répondu sans hésiter à l'appel, et a décollé de Calais tôt le matin du 25 juillet 1909 dans un autre avion qu'il avait construit lui-même. Il est bien arrivé sain et sauf à Douvres trente-sept minutes plus tard, ce qui est plus ou moins la durée d'une traversée dans le Tunnel sous la Manche de nos jours!

Blériot a donc reçu les 25 000 Francs (500€) offerts pour la réussite de cet exploit. Né à Cambrai en 1872, Blériot est mort après une crise cardiaque en août 1936.

(a) Qu'as-tu compris? Ecris quelques lignes en anglais sur *Louis Blériot,* ou traduis le passage.

(b) Vrai ou faux?

1. Louis Blériot a traversé la manche en avion avant la première guerre mondiale.
2. La profession de Louis Blériot était: pilote de l'air.
3. C'est Blériot qui a construit l'avion avec lequel il a traversé la Manche.
4. Blériot a gagné le prix offert par un journal anglais.
5. Blériot avait soixante-quatre ans quand il est mort.

(c) Crée un puzzle type 'mots cachés'. Inclus les mots:

INGENIEUR
BLERIOT
PILOTE
AVION
AVIATEUR
LANTERNE
TRAVERSER
MANCHE
BREVET
DEFI

Donne-le à tes amis!

Bravo!

You have now completed the *So you really want to learn French* course and are ready to throw yourself on the mercy of our friends across the Channel. You should also be well prepared for any exams you may have to do at 13+.

Summary of grammar

Interrogative pronouns

Interrogative pronouns are used to form questions:

qui?	who?
que?	what?
qu'est-ce que?	what? (+ verb expression, e.g. what are you doing?)
comment?	how?
quand?	when?
pourquoi?	why?
où?	where?
combien (de)?	how many? how much?
quel, quelle, quels, quelles …? (+ noun)	which …? what …?

Qui is never shortened, but que is shortened to qu' before a vowel.

Relative pronouns

Qui and que can be used as relative pronouns:

qui	**who, which, that (as a subject)**
La jeune fille qui m'écrit.	The girl who writes to me.
Le vase qui est tombé.	The vase which fell.
La chose qui m'inquiète.	The thing that worries me.

que	**who (whom), which, that (as an object)**
Le garçon que tu as vu.	The boy whom you saw.
Le vase qu'il a brisé.	The vase which he broke.
La maison qu'elle va acheter.	The house that she is going to buy.

Que as a conjunction

Que is also used as a conjunction:

que	**that**
Je sais que tu veux partir.	I know that you want to leave.

Celui and celle

Celui and celle can mean either 'that' or 'the one', depending on their context within the sentence:

m.	f.
celui	celle

Mon vélo est jaune: **celui** de Paul est bleu.
My bike is yellow, **that of** Paul is blue. (Or, Paul**'s** is blue)

La maison de Sabrine est petite; **celle** que tu aimes est grande.
Sabrine's house is small; **the one** that you like is big.

Demonstrative pronouns

Celui and celle are also used in the formation of the demonstrative pronoun:

	m.	**f.**
this (one)	celui-ci	celle-ci
that (one)	celui-là	celle-là
these (ones)	ceux-ci	celles-ci
those (ones)	ceux-là	celles-là

They are particularly useful in making comparisons:

Cette maison est plus belle que celle-là.
This house is more beautiful than that one.

Ces bonbons-là sont moins grands que ceux-ci.
Those sweets are smaller than these ones.

Celui-là est aussi joli que ceux-là.
That one is as pretty as those.

Possessive pronouns

These pronouns are used when referring to an object that belongs to someone:

	m. sing.	**f. sing.**	**m. pl.**	**f. pl.**
mine	le mien	la mienne	les miens	les miennes
yours	le tien	la tienne	les tiens	les tiennes
his / hers / one's / its	le sien	la sienne	les siens	les siennes
ours	le nôtre	la nôtre	les nôtres	les nôtres
yours	le vôtre	la vôtre	les vôtres	les vôtres
theirs	le leur	la leur	les leurs	les leurs

They are also often used when making comparisons:

Sa maison est petite, mais **la nôtre** est assez grande.
Her house is small, but ours is quite big.

Paul a une nouvelle voiture; **la sienne** est plus belle que **la mienne**.
Paul has a new car; his is more beautiful than mine.

Dans mon jardin il y a de belles fleurs. Qu'est-ce qu'il y a dans **le tien**?
In my garden there are beautiful flowers. What is there in yours?

The preceding direct object and the passé composé

When using an object pronoun in the passé composé, it is placed before the auxiliary verb:

I bought it (m.).	Je **l'**ai acheté.
We have seen him.	Nous **l'**avons vu.
She has read it (m.).	Elle **l'**a lu.

When the object is feminine or plural, the past participle must be made to agree with it:

I bought it (f.).	Je **l'**ai achet**ée**.
We have seen her.	Nous **l'**avons vu**e**.
She has read them (m.pl.).	Elle **les** a lu**s**.
She has read them (f.pl.).	Elle **les** a lu**es**.

Adverbs

Usually an adverb is formed by adding the suffix **–ment** to the corresponding adjective:

vrai	(true)	vrai**ment**	(truly, really)
facile	(easy)	facile**ment**	(easily)

There needs to be a vowel before **–ment**, so, if there isn't, the adjective is made feminine:

lent	(slow)	lent**e**ment	(slowly)
doux	(quiet)	dou**ce**ment	(quietly)

Some commonly-used adverbs are irregular and not formed in this way:

bien	well	trop	too much
vite	quickly	souvent	often
mal	badly	quelquefois	sometimes

mieux	better	longtemps	for a long time
moins bien	not as well, worse	peu	little, not much
pire	worse	toujours	always
encore	again	tous les jours	every day

Transformations

To form a negative or interrogative sentence in the passé composé, only the auxiliary verb is affected and the past participle remains unchanged:

		Negative		**Interrogative**
Tu as regardé.	>	Tu n'as pas regardé.	>	As-tu regardé?
Il a regardé.	>	Il n'a pas regardé.	>	A-t-il regardé?

These rules can be combined to form a question into the negative form:

Tu as fini.	>	N'as-tu pas fini?	=	Didn't you finish?
Ils sont partis.	>	Ne sont-ils pas partis?	=	Didn't they leave?

Negative expressions

ne … pas	not
ne … plus	no longer, not any longer, no more
ne … jamais	never, not ever
ne … rien	nothing, not anything
ne … personne	no one, not anyone
ne … ni … ni …	neither … nor …

Most of these negative expressions are used in the same way as ne … pas:

Je ne mange plus de bananes.	I no longer eat bananas.
Elle ne va jamais au cinéma.	She never goes to the cinema.
On ne porte ni jeans ni baskets ici.	You don't wear jeans or trainers here.

Note: ne…que (= only), which is not really a negative expression, is followed by des.

Example:

Maman n'achète que des fruits.	Mum only buys fruit.

Personne and rien may be used as the subject of a sentence. Note the word order:

Personne ne vient me voir.	No one comes to see me.
Rien ne vaut un bon café.	Nothing is as good as a nice cup of coffee.

In the passé composé and pluperfect, the auxiliary verb is made negative, and then the past participle is added:

Elle n'a rien vu.	She hasn't seen anything.
On n'avait pas mangé.	We hadn't eaten.
Tu n'es plus venu chez moi.	You didn't come to my house any more.

With formations using the infinitive, only the verb preceding the infinitive is made negative:

On ne va plus aller au parc.	We're not going to go to the park any more.

Comparisons

The following are used to form comparisons:

plus	[adjectif]	que	more	[adjective]	than
moins	[adjectif]	que	less	[adjective]	than
aussi	[adjectif]	que	as	[adjective]	as

Le film est **plus** drôle **que** le livre. The film is funnier than the book.

The adjective needs to agree with the pronoun it describes:

Sophie est plus intelligent**e** que son frère.
Sophie is more intelligent than her brother.

Les frères de Pierre sont aussi fort**s** que ses cousins.
Pierre's brothers are as strong as his cousins.

The same rules also apply for adverbs, though they do not have to 'agree':

plus	[adverbe]	que	more	[adverb]	than
moins	[adverbe]	que	less	[adverb]	than
aussi	[adverbe]	que	as	[adverb]	as

Elle skie **plus** rapidement **que** sa soeur.

Verb tables

The meanings of each tense

Présent

Elle regarde. = She watches. / She is watching.

Passé composé

Elle a regardé. = She watched. / She has watched.

Imparfait

Elle regardait. = She was watching. / She used to watch.

Futur immédiat

Elle va regarder. = She is going to watch.

Plus-que-parfait

Elle avait regardé. = She had watched.

Futur simple

Elle regardera. = She will watch.

Conditionnel

Elle regarderait. = She would watch.

Présent

All regular verbs belong to one of three groups: -er (1st group), -ir (2nd group) and -re (3rd group). The endings to each verb are different depending on which group they are in. This applies to all tenses, but is most obvious in the present:

1st group: -er

regard**er**: to watch, look at

je	regard-**e**	I watch	nous	regard-**ons**	we watch
tu	regard-**es**	you watch	vous	regard-**ez**	you watch
il	regard-**e**	he watches	ils	regard-**ent**	they watch
elle	regard-**e**	she watches	elles	regard-**ent**	they watch

2nd group: -ir
fin**ir**: to finish

je	fin-**is**	I finish	nous	fin-**issons**	we finish
tu	fin-**is**	you finish	vous	fin-**issez**	you finish
il	fin-**it**	he finishes	ils	fin-**issent**	they finish
elle	fin-**it**	she finishes	elles	fin-**issent**	they finish

3rd group: -re
vend**re**: to sell

je	vend-**s**	I sell	nous	vend-**ons**	we sell
tu	vend-**s**	you sell	vous	vend-**ez**	you sell
il	vend	he sells	ils	vend-**ent**	they sell
elle	vend	she sells	elles	vend-**ent**	they sell

Reflexive verbs

Reflexive verbs are used when the action of the verb happens to the subject of that verb. They use reflexive pronouns as follows:

se laver: to wash (oneself)

je **me** lave	I wash (myself)	nous **nous** lavons	we wash (ourselves)
tu **te** laves	you wash (yourself)	vous **vous** lavez	you wash (yourselves)
il **se** lave	he washes (himself)	ils **se** lavent	they wash (themselves)
elle **se** lave	she washes (herself)	elles **se** lavent	they wash (themselves)

Note that the verb itself takes endings in the normal way. Any verb can be made reflexive, as long as it makes sense!

Je lave le chien. = I wash the dog.
Je me lave. = I wash (myself).

The true meaning of the reflexive pronoun may be dative (**to** someone), as in the following example:

Ils se lancent la balle. They throw the ball **to** each other.

Passé composé

The passé composé is made from the auxiliary verb avoir or être, in the present tense, and a past participle:

j'**ai** regardé	I watched	nous **avons** regardé	we watched
tu **as** regardé	you watched	vous **avez** regardé	you watched
il **a** regardé	he watched	ils **ont** regardé	they watched
elle **a** regardé	she watched	elles **ont** regardé	they watched

If the verb takes être in the passé composé, the past participle must agree in gender (masculine or feminine) and number (singular or plural) with the subject, so:

La fille est parti**e**. = The girl left.
and Les filles sont parti**es**. = The girls left.

The following verbs take être in the passé composé:

aller (irreg.) = to go	venir (irreg.) = to come
entrer = to go in	sortir (irreg.) = to go out
arriver = to arrive	partir (irreg.) = to leave
monter = to go up	descendre = to go down
rester = to stay	tomber = to fall
rentrer = to come home	retourner = to return
naître (irreg.) = to be born	mourir (irreg.) = to die
devenir (irreg.) = to become	revenir (irreg.) = to come back, return

All reflexive verbs also take être in the passé composé, and their participle endings must also agree. Note the word order:

je me **suis** levé(**e**)	I got up	nous nous **sommes** levé(**e**)**s**	we got up
tu t'**es** levé(**e**)	you got up	vous vous **êtes** levé(**e**)(**s**)	you got up
il s'**est** levé	he got up	ils se **sont** levé**s**	they got up
elle s'**est** levé**e**	she got up	elles se **sont** levé**es**	they got up

With a dative reflexive pronoun (see se laver above), the participe passé does not agree in the passé composé:

Elles se sont écrit. They (f.) wrote to each other.

Imparfait

The **imparfait** is made from the **nous** part of the present tense, without the ending **–ons**.

nous regardons > regard-

The following endings are then added to this stem:

je regard**ais**	I was watching	nous regard**ions**	we were watching
tu regard**ais**	you were watching	vous regard**iez**	you were watching
il regard**ait**	he was watching	ils regard**aient**	they were watching
elle regard**ait**	she was watching	elles regard**aient**	they were watching

The only verb which has an irregular stem is **être**, whose stem is **ét-**, e.g.:

j'étais	I was
nous étions	we were

Futur immédiat

The **futur immédiat** is made by using the present tense of **aller** before an infinitive:

je **vais** regarder	I am going to watch	nous **allons** regarder	we are going to watch
tu **vas** regarder	you are going to watch	vous **allez** regarder	you are going to watch
il **va** regarder	he is going to watch	ils **vont** regarder	they are going to watch
elle **va** regarder	she is going to watch	elles **vont** regarder	they are going to watch

Plus-que-parfait

The pluperfect tense is made by using the imperfect tense of the auxiliary verb with the past participle:

j'**avais** regardé	I had watched	nous **avions** regardé	we had watched
tu **avais** regardé	you had watched	vous **aviez** regardé	you had watched
il **avait** regardé	he had watched	ils **avaient** regardé	they had watched
elle **avait** regardé	she had watched	elles **avaient** regardé	they had watched

If the verb takes **être** in the **passé composé**, the past participle must agree in gender (masculine or feminine) and number (singular or plural) with the subject, so:

La fille était allé**e**. = The girl had gone.
and Les filles étaient allé**es**. = The girls had gone.

Remember that reflexive verbs take **être** in the pluperfect as they do in the **passé composé**, so their participle endings must also agree:

Les filles s'étaient habillé**es**.

Finally, with a dative pronoun:

Les filles s'étaient écrit.

Futur simple

The stem of the future tense is made from the infinitive of the verb (up to the last 'r'). To this are added the following endings:

je regarder**ai**	I will watch	nous regarder**ons**	we shall watch
tu regarder**as**	you will watch	vous regarder**ez**	you will watch
il regarder**a**	he will watch	ils regarder**ont**	they will watch
elle regarder**a**	she will watch	elles regarder**ont**	they will watch

Some verbs have irregular stems for the future tense; these are listed in the table of irregular verbs.

Conditionnel

The conditional tense uses the same stem as the future, but with the endings of the imperfect tense.

je regarder**ais**	I would watch	nous regarder**ions**	we would watch
tu regarder**ais**	you would watch	vous regarder**iez**	you would watch
il regarder**ait**	he would watch	ils regarder**aient**	they would watch
elle regarder**ait**	she would watch	elles regarder**aient**	they would watch

As the conditional uses the same stems as the future tense, the same verbs are irregular.

Irregular verb tables

Verbs with an asterisk (*) take être in the passé composé.

Present tense		Past participle	Future stem
acheter: to buy			
j'achète	nous achetons	acheté	achèter-
tu achètes	vous achetez		
il achète	ils achètent		
elle achète	elles achètent		
aller*: to go			
je vais	nous allons	allé	ir-
tu vas	vous allez		
il va	ils vont		
elle va	elles vont		
appeler: to call			
j'appelle	nous appelons	appelé	appeller-
tu appelles	vous appelez		
il appelle	ils appellent		
elle appelle	elles appellent		
apprendre: to learn			
j'apprends	nous apprenons	appris	apprendr-
tu apprends	vous apprenez		
il apprend	ils apprennent		
elle apprend	elles apprennent		
s'asseoir: to sit down			
je m'assieds	nous nous asseyons	assis	assiér-
tu t'assieds	vous vous asseyez		
il s'assied	ils s'asseyent		
elle s'assied	elles s'asseyent		
avoir: to have			
j'ai	nous avons	eu	aur-
tu as	vous avez		
il a	ils ont		
elle a	elles ont		

Present tense		**Past participle**	**Future stem**
battre: to beat			
je bats	nous battons	battu	battr-
tu bats	vous battez		
il bat	ils battent		
elle bat	elles battent		
boire: to drink			
je bois	nous buvons	bu	boir-
tu bois	vous buvez		
il boit	ils boivent		
elle boit	elles boivent		
connaître: to know (a person, or place)			
je connais	nous connaissons	connu	connaîtr-
tu connais	vous connaissez		
il connaît	ils connaissent		
elle connaît	elles connaissent		
courir: to run			
je cours	nous courons	couru	courr-
tu cours	vous courez		
il court	ils courent		
elle court	elles courent		
croire: to believe			
je crois	nous croyons	cru	croir-
tu crois	vous croyez		
il croit	ils croient		
elle croit	elles croient		
devoir: to have to, to owe			
je dois	nous devons	dû	devr-
tu dois	vous devez		
il doit	ils doivent		
elle doit	elles doivent		
dire: to say			
je dis	nous disons	dit	dir-
tu dis	vous dites		
il dit	ils disent		
elle dit	elles disent		

Present tense		Past participle	Future stem
écrire: to write			
j'écris	nous écrivons	écrit	écrir-
tu écris	vous écrivez		
il écrit	ils écrivent		
elle écrit	elles écrivent		
envoyer: to send			
j'envoie	nous envoyons	envoyé	enverr-
tu envoies	vous envoyez		
il envoie	ils envoient		
elle envoie	elles envoient		
essayer: to try			
j'essaie	nous essayons	essayé	essayer-/essaier-
tu essaies	vous essayez		
il essaie	ils essaient		
elle essaie	elles essaient		
être: to be			
je suis	nous sommes	été	ser-
tu es	vous êtes		
il est	ils sont		
elle est	elles sont		
faire: to do; to make			
je fais	nous faisons	fait	fer-
tu fais	vous faites		
il fait	ils font		
elle fait	elles font		

falloir: to be necessary (impersonal, only used with il)

il faut	**passé composé:**	il a fallu	**futur:**	il faudra
	imparfait:	il fallait	**conditionnel:**	il faudrait

Present tense		Past participle	Future stem
jeter: to throw			
je jette	nous jetons	jeté	jetter-
tu jettes	vous jetez		
il jette	ils jettent		
elle jette	elles jettent		

Present tense		Past participle	Future stem
lire: to read			
je lis	nous lisons	lu	lir-
tu lis	vous lisez		
il lit	ils lisent		
elle lit	elles lisent		
mener: to lead			
je mène	nous menons	mené	mèner-
tu mènes	vous menez		
il mène	ils mènent		
elle mène	elles mènent		
mettre: to put, to put on			
je mets	nous mettons	mis	mettr-
tu mets	vous mettez		
il met	ils mettent		
elle met	elles mettent		
mourir*: to die			
je meurs	nous mourons	mort	mourr-
tu meurs	vous mourez		
il meurt	ils meurent		
elle meurt	elles meurent		
naître*: to be born			
je nais	nous naissons	né	naîtr-
tu nais	vous naissez		
il naît	ils naissent		
elle naît	elles naissent		
ouvrir: to open			
j'ouvre	nous ouvrons	ouvert	ouvrir-
tu ouvres	vous ouvrez		
il ouvre	ils ouvrent		
elle ouvre	elles ouvrent		
partir*: to depart			
je pars	nous partons	parti	partir-
tu pars	vous partez		
il part	ils partent		
elle part	elles partent		

Present tense		Past participle	Future stem
pouvoir: to be able (to)			
je peux	nous pouvons	pu	pourr-
tu peux	vous pouvez		
il peut	ils peuvent		
elle peut	elles peuvent		
prendre: to take			
je prends	nous prenons	pris	prendr-
tu prends	vous prenez		
il prend	ils prennent		
elle prend	elles prennent		
recevoir: to receive			
je reçois	nous recevons	reçu	recevr-
tu reçois	vous recevez		
il reçoit	ils reçoivent		
elle reçoit	elles reçoivent		
rire: to laugh			
je ris	nous rions	ri	rir-
tu ris	vous riez		
il rit	ils rient		
elle rit	elles rient		
savoir: to know			
je sais	nous savons	su	saur-
tu sais	vous savez		
il sait	ils savent		
elle sait	elles savent		
sécher: to dry			
je sèche	nous séchons	séché	sécher-
tu sèches	vous séchez		
il sèche	ils sèchent		
elle sèche	elles sèchent		
sourire: to smile			
je souris	nous sourions	souri	sourir-
tu souris	vous souriez		
il sourit	ils sourient		
elle sourit	elles sourient		

Present tense		Past participle	Future stem
suivre: to follow			
je suis	nous suivons	suivi	suivr-
tu suis	vous suivez		
il suit	ils suivent		
elle suit	elles suivent		
tenir: to hold			
je tiens	nous tenons	tenu	tiendr-
tu tiens	vous tenez		
il tient	ils tiennent		
elle tient	elles tiennent		
venir*: to come			
je viens	nous venons	venu	viendr-
tu viens	vous venez		
il vient	ils viennent		
elle vient	elles viennent		
vivre: to live			
je vis	nous vivons	vécu	vivr-
tu vis	vous vivez		
il vit	ils vivent		
elle vit	elles vivent		
voir: to see			
je vois	nous voyons	vu	verr-
tu vois	vous voyez		
il voit	ils voient		
elle voit	elles voient		
vouloir: to want			
je veux	nous voulons	voulu	voudr-
tu veux	vous voulez		
il veut	ils veulent		
elle veut	elles veulent		

Vocabulary: English-French

*These verbs are conjugated with être in the passé composé.

A

a = un (*f.* une), *indef. art.*
above = au-dessus de, *prep.*, au-dessus, en haut, *adv.*
  above all = surtout, *adv.*
abroad = à l'étranger, *adv.*
absent = absent(e), *adj.*
absolutely = absolument, *adv.*
accompany, to = accompagner, *v.t.*
accountant = comptable, *n.m.*
active = actif (*f.* active), *adj.*
activity = activité, *n.f.*, (entertainment) distraction, *n.f.*
add, to = ajouter, *v.t.*
address = adresse, *n.f.*
admit, to = avouer, *v.i.*
adopted = adopté(e), *adj.*
advertisement = annonce, *n.f.*, (on TV) pub(licité), *n.f.*
advise, to = conseiller, *v.t.*
aeroplane = avion, *n.m.*
afraid, to be = avoir peur
after = après, *prep.*
afternoon = après-midi, *n.m.*
again = encore, encore une fois, de nouveau, *adv.*
age = âge, *n.m.*
agreed, ok = d'accord
airport = aéroport, *n.m.*
alarm clock = réveil, *n.m.*
all = tout(e) (*m.pl.* tous, *f.pl.* toutes), *adj.*
All Saints' Day = Toussaint, *n.f.*
allowed to, to be = avoir le droit de (+ *infin.*)
along = le long de, *prep.*
Alps = Alpes, *n.f.pl.*
already = déjà, *adv.*
also = aussi, *adv.*
always = toujours, *adv.*
ambulance = ambulance, *n.f.*
among = parmi, *prep.*
amusing = amusant(e), *adj.*
and = et, *conj.*
animal = animal (*pl.* animaux), *n.m*, bête, *n.f.*
answer, to = répondre, *v.i.*
apologize, to = s'excuser, *v.r.*
appear, to = paraître (*irreg.*, *past participle* paru), *v.i.*
apple = pomme, *n.f.*
appointment = rendez-vous, *n.m.*
April = avril, *n.m.*
arithmetic = calcul, *n.m.*
arm = bras, *n.m.*
armchair = fauteuil, *n.m.*
arrival = arrivée, *n.f.*
arrive, to = arriver*, *v.i.*
art (school subject) = dessin, *n.m.*
as = comme, *adv.*
  as for (me etc.) = quant à (moi etc.), *prep.*
  as from = dès, *prep.*
  as well as = ainsi que, *prep.*
ask (for), to = demander, *v.t.*
  to ask a question = poser une question, *v.t.*
asparagus = asperges, *n.f.pl.*
assemble, to = rassembler, *v.t.*, se rassembler, *v.r.*
assembly hall = salle des réunions, *n.f.*
astonishing = étonnant(e), *adj.*
at = à, *prep.*
at last = enfin, *adv.*
at least = au moins, *adv.*
at the end of = au bout de, *prep.*
at the house/shop of … = chez … , *prep.*
at the same time = en même temps, *adv.*
atmosphere = (e.g. friendly) ambiance, *n.f.* (environmental) atmosphère, *n.f.*
attention = attention, *n.f.*
attic = grenier, *n.m.*
August = août, *n.m.*
aunt = tante, *n.f.*
autumn = automne, *n.m.*
  in autumn = en automne
average (medium-sized) = moyen(ne), *adj.*
away (e.g. 3 km away) = à (3 km), *adv.*

B

baby = bébé, *n.m.*

baccalaureat exam = bac (baccalauréat), *n.m.*

back = dos, *n.m.*

bad = mauvais(e), *adj.*

  badly = mal, *adv.*

baker = boulanger, *n.m.*

  baker's shop = boulangerie, *n.f.*

balcony = balcon, *n.m.*

bald = chauve, *adj.*

banana = banane, *n.f.*

bank = banque, *n.f.*

basement = sous-sol, *n.m.*

basketball = basket, *n.m.*

bath = bain, *n.m.*

  bath tub = baignoire, *n.f.*

bathe, to = se baigner

bathroom = salle de bains, *n.f.*

be, to = être (*irreg., past participle* été), *v.i.*

  to be able = pouvoir (*irreg., past participle* pu), *v.i.*

  to be afraid = avoir peur

  to be allowed to = avoir le droit de (+ *infin.*)

  to be bored = s'ennuyer, *v.r.*

  to be called = s'appeler, *v.r.*

  to be hot = avoir chaud

  to be hungry = avoir faim

  to be interested in = s'intéresser à, *v.r.*

  to be right = avoir raison

  to be situated = se trouver, *v.r.*

beach = plage, *n.f.*

beans (green) = haricots (verts), *n.m.pl.*

beautiful = beau (*m.* before a vowel bel, *f.* belle), *adj.*

because = parce que, parce qu' (before vowel), *conj.*

bed = lit, *n.m.*

  bed and breakfast = chambre d'hôte, *n.f.*, (on a farm) ferme-auberge, *n.f.*

bedroom = chambre, *n.f.*

beef = bœuf, *n.m.*

beer = bière, *n.f.*

before = avant, *prep.*

  before…ing = avant de (+ *infin.*)

  beforehand = auparavant, *adv.*

begin, to = commencer, *v.t.*

beginner = débutant(e), *n.m./f.*

beginning = début, *n.m.*

behind = derrière, *prep.*

Belgian = belge, *adj.*

Belgian (person) = Belge, *n.m./f.*

Belgium = Belgique, *n.f.*

believe, to = croire (*irreg., past participle* cru), *v.i.*

belong, to = appartenir (*irreg., past participle* appartenu), *v.i.*

  belongings, 'things' = affaires, *n.f.pl.*

below = (au-)dessous, *adv.*, au-dessous de, *prep.*

  below, downstairs = en bas, *adv.*

belt = ceinture, *n.f.*

beside, next to = à côté de, *prep.*

best wishes (on letter) = amicalement, *adv.*, amitiés, *n.f.pl.*

better = meilleur(e), *adj.*, mieux, *adv.*

between = entre, *prep.*

  between now and then = d'ici-là

beyond = au-delà de, *prep.*

bicycle = bicyclette, *n.f.*, vélo, *n.m.*

big = grand(e), *adj.*

bill (at end of meal) = addition, *n.f.*, note (*n.f.*)

billion (1 000 000 000) = milliard, *n.m.*

billionaire = milliardaire, *n.m./f.*

biology = biologie, *n.f.*

bird = oiseau (*pl.* oiseaux), *n.m.*

birth = naissance, *n.f.*

birthday = anniversaire, *n.m.*

biscuit = petit gâteau, *n.m.*

black = noir(e), *adj.*

block of flats = immeuble, *n.m.*

blog (internet diary), to keep a = tenir un blog, *v.t.*

bloke (slang) = gars, *n.m.*

blonde = blond(e), *adj.*

blouse = chemisier, *n.m.*

blue = bleu(e), *adj.*

board = tableau, *n.m.*

  board game = jeu de société, *n.m.* (*pl.* jeux de société)

boarder = interne, *n.m./f.*, pensionnaire, *n.m./f.*

boarding house (school) = internat, *n.m.*

boat = bateau, *n.m.*
bodywork (of a car) = carrosserie, *n.f.*
bone = os, *n.m.*
book = livre, *n.m.*, bouquin (*slang*), *n.m.*
book of tickets = carnet, *n.m.*
bookcase = bibliothèque, *n.f.*
boot of a car = coffre, *n.m.*
boots = bottes, *n.f.pl.*
bored, to be = s'ennuyer, *v.r.*
boring = ennuyeux(euse), *adj.*
borrow, to = emprunter, *v.t.*
boss = patron, *n.m.*
bother! = zut!
bottle = bouteille, *n.f.*
bottom of, at the = au fond de
boules = boules, *n.f.pl.*
to play boules = jouer aux boules
bowl = bol, *n.m.*
box = boîte, *n.f.*
box (to tick on a form) = case, *n.f.*
boy = garçon, *n.m.*
bracelet = bracelet, *n.m.*
brand new = neuf (*f.* neuve), *adj.*
bread = pain, *n.m.*
bread with spread = tartine, *n.f.*
break (e.g. glass), to = briser, *v.t.*
break down, to (of machinery), = tomber en panne, *v.i.*
break one's leg, to = se casser la jambe, *v.r.*
break = pause, *n.f.*
break time = récré(ation), *n.f.*
breakfast = petit déjeuner, *n.m.*
breakfast cereal = céréales, *n.f.pl.*
bridge = pont, *n.m.*
brilliant, (wonderful) = chouette, formidable, *adj.*
bring, to = (a thing) apporter, *v.t.*, (a person) = amener *v.t.*
to bring back (people) = ramener, *v.t.*
to bring back (things) = rapporter, *v.t.*
to bring down(stairs) = descendre, *v.t.*
to bring together = rassembler, réunir, *v.t.*
broadcast = émission, *n.f.*
brother = frère, *n.m.*
brother-in-law = beau-frère, *n.m.*
brown = brun(e), marron (*invar.*), *adj.*
brown hair = les cheveux châtains
brush one's hair, to = se brosser les cheveux, *v.r.*
to brush one's teeth = se brosser les dents, *v.r.*
budgie = perruche, *n.f.*
build, to = construire (*irreg., past participle* construit), *v.t.*
building = bâtiment, *n.m.*
bulb (e.g. of a tulip) = bulbe, *n.m.*
bungalow = pavillon, *n.m.*
burglar = cambrioleur, *n.m.*
bus = (auto)bus, *n.m.*
bus station = gare routière, *n.f.*
bus stop = arrêt de bus, *n.m.*
businessman = homme d'affaires, *n.m.*
busy = (occupied) occupé(e), (e.g. town centre) animé(e), *adj.*
but = mais, *conj.*
butcher's shop = boucherie, *n.f.*
butter = beurre, *n.m.*
buy, to = acheter, *v.t.*
by = par, *prep.*
by (a means of transport) = en, *prep.*

C

café (bar) = café, *n.m.*
cake = gâteau, *n.m.*
cake-shop = pâtisserie, *n.f.*
calculator = calculatrice, *n.f.*
call, to = appeler, *v.t.*
calm = calme, *adj.*
camera = appareil-photo, *n.m.*
camping, = camping, *n.m.*
campsite = camping *n.m.*
Canadian = canadien(ne), *adj.*
cap = casquette, *n.f.*
car = auto, *n.f.*, voiture, *n.f.*
car park = parking, *n.m.*
caravan = caravane, *n.f.*
card = carte , *n.f.*
care = prudence, *n.f.*
to take care = faire attention
carpet (fitted) = moquette, *n.f.*
carrot = carotte, *n.f.*

cartoon = dessin animé, *n.m.*
cartridge = cartouche, *n.f.*
cassette = cassette, *n.f.*
castle = château, *n.m.*
cat = chat, *n.m.*
cathedral = cathédrale, *n.f.*
CD = CD, *n.m.*, disque, *n.m.*
celebrate, to = fêter, *v.t.*
celebration = fête, *n.f.*
cellar = cave, *n.f.*
cent = centime, *n.m.*
centimetre (1 cm) = centimètre, *n.m.*
cereal = céréales, *n.f.pl.*
chain = chaîne, *n.f.*
chair = chaise, *n.f.*
challenge = défi, *n.m.*
change (something), to = changer, *v.i.* (de ...)
    to change (clothes) = se changer, *v.r.*
    change of trains = correspondance, *n.f.*
    change, (currency) = monnaie, *n.f.*
channel = (radio, TV) chaîne, *n.f*
    the (English) Channel = La Manche *n.f.*
Channel Tunnel = Tunnel sous la Manche, *n.m.*
chap, lad (slang) = gars, *n.m.*
chapel = chapelle, *n.f..*
chapter = chapitre, *n.m.*
character (person) = personnage, *n.m.*
charming = charmant(e), *adj.*
chat, to = bavarder, *v.i.*, discuter, *v.i.*
chateau = château, *n.m.*
chatty, = bavard(e), *adj.*
cheap, inexpensive = bon marché, *adj. inv.*, pas cher (*f.* chère), *adj.*
check, to = vérifier, *v.t.*
check-out, (till) = caisse, *n.f.*
cheerful = souriant(e), *adj.*, gai(e), *adj.*
cheese = fromage, *n.m.*
chemist's = pharmacie, *n.f.*
chemistry = chimie, *n.f.*
chess = échecs, *n.m.pl.*
    to play chess = jouer aux échecs
chest of drawers = commode, *n.f.*
chick = poussin, *n.m.*
chicken = poulet, *n.m.*
chief inspector = commissaire, *n.m.*
child = enfant, *n.m./f.*
chips = frites, *n.f.pl.*
chocolate = chocolat, *n.m.*
choice = choix, *n.m.*
choir = chorale, *n.f.*
choose, to = choisir, *v.t.*
chop = côtelette, *n.f.*
Christmas = Noël, *n.m.*
church = église, *n.f.*
    to go to church = aller à la messe, *v.i.*
cinema = cinéma, *n.m.*
class = classe, *n.f.*
classic(al) = classique, *adj.*
classroom = salle de classe, *n.f.*
clean = propre, *adj.*
clean, to = nettoyer, *v.t.*
clear = clair(e), *adj.*
clear the table, to = débarrasser la table, *v.t.*
click on (ICT), to = cliquer sur, *v.t.*
cliff = falaise, *n.f.*
climate = climat, *n.m.*
climbing = escalade, *n.f.*
    to go climbing = faire de l'escalade
clock = horloge, *n.f.*, pendule, *n.f.*
close, to = fermer, *v.t.*
    to close again = refermer, *v.t.*
closed = fermé(e), *adj.*
clothes = vêtements, *n.m.pl.*
cloud = nuage, *n.m.*
club = club, *n.m.*
coach = car, *n.m.*
coach station = gare routière, *n.f.*
coast = côte, *n.f.*
coca-cola = coca, *n.m.*
coffee = café, *n.m.*
    coffee with milk = crème, *n.m.*
    coffee pot = cafetière, *n.f.*
coin = pièce, *n.f.*
cold = froid(e) *adj.*, froid, *n.m.*
    it's cold (weather) = il fait froid
cold (illness) = rhume, *n.m.*
    to have a cold = être enrhumé(e)
collect (as a hobby), to = collectionner, *v.t.*

come = venir* (*irreg., past participle* venu), *v.i.*
to come and get = venir chercher, *v.t.*
to come back = revenir*, *v.i.* (*irreg., past participle* revenu)
come here! = viens ici!/venez ici!
to come home = rentrer*, *v.i.*
comfortable = confortable, *adj.*
comic strip, cartoon = bande dessinée ('BD'), *n.f.*
comings and goings = allées et venues, *n.f.pl.*
complain, to = se plaindre (*irreg., past participle* plaint), *v.r.*
complete, to = compléter, *v.t.*
complicated = compliqué(e), *adj.*
computer = ordinateur, *n.m.*
computer game = jeu vidéo, *n.m.*
computing, IT = informatique, *n.f.*
concert = concert, *n.m.*
confirm, to = confirmer, *v.t.*
connection = (train) correspondance, *n.f.*, (electrical) branchement, *n.m.*
construct, to = construire (*irreg., past participle* construit), *v.t.*
continue, to = continuer, *v.i.*
convenient = pratique, *adj.*
cook (*f.*) = cuisinière, *n.f.*
cook (*m.*) = cuisinier, *n.m.*, cuisinière, *n.f.*
cook, to = préparer, *v.t.*
cooker = cuisinière, *n.f.*
cooking = cuisine, *n.f.*
cool (slang) = cool, *adj.*
copy, to = copier, *v.t.*
cork (in a bottle) = bouchon, *n.m.*
corner = coin, *n.m.*
correct = bon(ne), correct(e), *adj.*
correct, to = corriger, *v.t.*
corrections (to school work) = corrigés, *n.m.pl.*
corridor = couloir, *n.m.*
cost, to = coûter, *v.t./v.i.*
cotton (made of) = en cotton
cough, to = tousser, *v.i.*
count, to = compter, *v.t.*
counter = guichet, *n.m.*
country (e.g. France) = pays, *n.m.*, countryside = campagne, *n.f.* in the country = à la campagne, *n.f.*
county = département, *n.m.*
courtyard = cour, *n.f.*
cousin = cousin(e), *n.m./f.*
cover, blanket = couverture, *n.f.*
cover, to = couvrir (*irreg., past participle* couvert), *v.t.*
cow = vache, *n.f.*
craft = travaux manuels, *n.m.pl.*
craftsman = artisan, *n.m.*
crazy = dingue, *adj.*
cream = crème, *n.f.*
create, to = créer, *v.t.*
crisps = chips, *n.m.pl.*
croissant = croissant, *n.m.*
cross (a border), to = franchir, *v.t.*
to cross (e.g. a road) = traverser, *v.t.*
crossroads = carrefour, *n.m.*
crowded = bondé(e), *adj.*
cup = tasse, *n.f.*
cupboard = placard, *n.m.*
curly = bouclé(e), *adj.*
curtains = rideaux, *n.m.pl.*
customs = douane, *n.f.*
cut, to = couper, *v.t.*
to cut one's finger = se couper le doigt, *v.r.*
to cut out = découper, *v.t.*
cycling = cyclisme, *n.m.*
to go cycling = faire du cyclisme, faire du vélo

D

Dad/Daddy = papa, *n.m.*
dairy = laiterie, *n.f.*
dance, to = danser, *v.i.*
dangerous = dangereux(euse), *adj.*
dark (colour) = foncé(e), *adj.*, noir(e), *adj.*
it's dark (there is no light) = il fait noir
darling = chéri(e), *n.m./f.*
date = date, *n.f.*
daughter = fille *n.f.*
dead = mort(e), *adj.*
deal with, to = s'occuper de, *v.r.*
dear = cher (*f.* chère), *adj.*
December = décembre, *n.m.*
decoder = décodeur, *n.m.*

decoration = décor, *n.m.*
degree (of heat etc.) = degré, *n.m.*
delay = retard, *n.m.*
delicatessen = charcuterie, *n.f.*
delicious = délicieux(euse), *adj.*
delighted = enchanté(e), *adj.*
dentist = dentiste, *n.m./n.f.*
depart, to = partir (*irreg., past participle* parti), *v.i.*
departure = départ, *n.m.*
depend (on), to = dépendre (de), *v.i.*
describe, to = décrire (*irreg.*, like écrire, *past participle* décrit), *v.t.*
description = description, *n.f.*
dessert = dessert, *n.m.*
destination = destination, *n.f.*
destroy, to = détruire (*irreg. like* conduire, *past participle* détruit), *v.t.*
dew = rosée, *n.f.*
dialogue = dialogue, *n.m.*
diary = agenda, *n.m.*
dictionary = dictionnaire, *n.m.*
die, to = mourir* *v.i.* (*irreg. past participle* mort)
difference = différence, *n.f.*
different = différent(e), spécial(e), *adj.*
difficult = difficile, *adj.*
dig, to = creuser, *v.t.*
  to dig out (only in the sense of tracking down) = dénicher, *v.t.*
digital = numérique, *adj.*
dinghy = dériveur, *n.m.*
dining room = salle à manger, *n.f.*
  school dining room = cantine, *n.f.*
dinner = dîner, *n.m.*
  to have dinner = dîner, *v.i.*
direct, to = diriger, *v.t.*
  to direct (a film) = réaliser, *v.t.*
direction = direction, *n.f.*
dirty = sale, *adj.*
disabled = handicapé(e), *adj.*
disagreeable = désagréable, *adj.*
disc = disque, *n.m.*
disco = discothèque, *n.f.*
discover, to = découvrir (*irreg. like* couvrir, *past participle* découvert), *v.t.*
discovery = découverte, *n.f.*
discuss, to = discuter, *v.t./v.i.*
dish of the day = plat du jour, *n.m.*
dishwasher = lave-vaisselle, *n.m.*
distribute, to = distribuer, *v.t.*
disturbed, to be = être dérangé(e)
divorced = divorcé(e), *adj.*
do, to = faire (*irreg., past participle* fait), *v.t.*
  to do the cooking = faire la cuisine
  to do the hoovering = passer l'aspirateur
  to do the housework = faire le ménage
  to do the shopping = faire les courses
  to do the washing = faire la lessive
  to do the washing-up = faire la vaisselle
doctor (medical) = médecin, *n.m.*
documentary = documentaire, *n.m.*
dog = chien, *n.m.*
donkey = âne, *n.m.*
door = porte, *n.f.*
down below = en bas, *adv.*
download (ICT), to = télécharger, *v.t.*
downstairs = en bas, *adv.*
doze, to = somnoler, *v.i.*
dozen = douzaine, *n.f.*
draw (a picture), to = dessiner, *v.t.*
  to draw the curtains = tirer les rideaux, *v.t.*
  to draw up, put together (e.g. a document) = rédiger, *v.t.*
drawing = dessin, *n.m.*
dress = robe, *n.f.*
dress, to (get dressed) = s'habiller, *v.r.*
drink = boisson, *n.f.*
drink, to = boire (*irreg., past participle* bu), *v.t.*
drive, to = conduire (*irreg., past participle* conduit), *v.t.*
drop, to = laisser tomber, *v.t.*
dry = sec (*f.* sèche), *adj.*
dry, to = sécher, *v.t.* (like préférer: je sèche, etc.)
during = pendant, *prep.*
dustbin = poubelle, *n.f.*
Dutch = néerlandais(e), *adj.*
duty = devoir, *n.m.*

duvet = couette, *n.f.*
dynamic = dynamique, *adj.*

E

each = chaque, *adj.*
  each one = chacun(e), *pron.*
ear = oreille, *n.f.*
early = de bonne heure, tôt, *adv.*
earn, to = gagner, *v.t.*
earring = boucle d'oreille, *n.f.*
Earth = Terre, *n.f.*
east = est, *n.m.*
Easter = Pâques, *n.m.*
eastern = oriental(e), *adj.*
easy = facile, *adj.*
eat, to = manger, *v.t.*
edge = côté, *n.m.*
education = éducation, *n.f.*
egg = œuf, *n.m.*
eight = huit
eighteen = dix-huit
eighty = quatre-vingts
elder, eldest, = aîné(e), *adj.*
electronic timer = minuterie, *n.f.*
eleven = onze
else, or else = sinon, *conj.*
elsewhere = ailleurs, *adv.*
email = courrier électronique, *n.m.*, email, *n.m.*
employee = employé(e), *n.m./f.*
empty = vide, *adj.*
end = fin, *n.f.*
  at the end of = au bout de, *prep.*
endangered species = espèces menacées, *n.f.*
energy = énergie, *n.f.*
England = Angleterre, *n.f.*
English = anglais(e), *adj.*
  English (language) = anglais, *n.m.*
  English Channel = Manche, *n.f.*
  English person = Anglais, *n.m.*, Anglaise, *n.f.*
enormously = énormément, *adv.*
enough = assez (de), *adv.*
enter (go in), to = entrer, *v.i.*
  to enter a PIN number = composer un code secret, *v.t.*
entrance (hall) = entrée, *n.f.*
envelope = enveloppe, *n.f.*
environment = environnement, *n.m.*
equal = égal(e), *adj.*, pareil(le), *adj.*
equip, to = aménager, *v.t.*
especially = surtout, *adv.*
  especially since = surtout que, *conj.*
essay = rédaction, *n.f.*
euro = euro, *n.m.*
even = même, *adv.*
evening = soir, *n.m.*
  evening meal = dîner, *n.m.*
every, all = tout(e) (*m.pl.* tous, *f.pl.* toutes), *adj.*
  every day = tous les jours, *adv.*
  every Tuesday = tous les mardis
  everybody, everyone = tout le monde
examination = examen, *n.m.*
example = exemple, *n.m.*
excellent = excellent(e), *adj.*
except = sauf, *prep.*
exceptional = exceptionnel(le), *adj.*
exchange = échange, *n.m.*
exciting = passionnant(e), *adj.*
excuse, to = excuser, *v.t.*
  excuse me = excuse-moi! (*familiar*), excusez-moi! (*polite*), *imp.*
exercise = exercice, *n.m.*
  exercise book = cahier, *n.m.*
exit = sortie, *n.f.*
expensive = cher (*f.* chère), *adj.*
experienced = expérimenté, *adj.*
explain, to = expliquer, *v.t./v.i.*
extraordinary = extraordinaire(e), *adj.*
extremely (+ *adj.*) = archi-, super-, extrêmement
eye = œil (*pl.* yeux), *n.m.*

F

face = visage, *n.m.*
fact = fait, *n.m.*
factory = usine, *n.f.*
fair = (hair) blond(e), *adj.*
  it's not fair! = ce n'est pas juste!
fall, to = tomber*, *v.i.*
false = faux (*f.* fausse), *adj.*

family = famille, *n.f.*
  family tree = arbre généalogique, *n.m.*
far away = loin, *adv.*
farm = ferme, *n.f.*
  farmyard = basse-cour, *n.f.*
fascinating = fascinant(e), *adj.*
fashion = mode, *n.f.*
fashionable = à la mode, *adv.*
fast = rapide, *adj.*, vite, *adv.*
father = père, *n.m.*
  father-in-law = beau-père, *n.m.*
favourite = préféré(e), *adj.*
fear = peur, *n.f.*
February = février, *n.m.*
feed (the cat), to = donner à manger (au chat)
feel, to = sentir (*irreg. like* partir, *past participle* senti), *v.t.*
  to feel (well) = se sentir (bien), *v.r.*
felt-tip pen = feutre, *n.m.*
fetch, to = chercher, *v.t.*
few, a = quelques, *adj.*
field = champ, *n.m.*
fifteen = quinze
fifth = cinquième
fifty = cinquante
figure (number) = chiffre, *n.m.*
file (ICT) = fichier, *n.m.*
fill, to = remplir, *v.t.*
film = film, *n.m.*
  film (for a camera) = pellicule, *n.f.*
find, to = trouver, *v.t.*
fine (e.g. weather) = beau, *adj.*
  it's fine (OK)! = c'est bon!
finger = doigt, *n.m.*
finish, to = finir, terminer, *v.t.*
fire = feu, *n.m.*
first = premier (*f.* première), *adj.*
  first course = hors d'œuvre, *n.m*; entrée, *n.f.*
  first of all = d'abord, *adv.*
fish = poisson, *n.m.*
fish, to = pêcher, *v.t./v.i.*
fishing = pêche, *n.f.*
five = cinq
flare = fusée éclairante, *n.f.*
flat = plat(e), *adj.*
flat, apartment = appartement, *n.m.*
float, to = flotter, *v.i.*
floor (e.g. 1st floor) = étage, *n.m.*
floppy disk = disquette, *n.f.*
flow, to = couler, *v.i.*, s'écouler, *v.r.*
fog = brouillard, *n.m.*
follow, to = suivre (*irreg., past participle* suivi), *v.t.*
following = suivant(e), *adj.*
food = nourriture, *n.f.*
foot = pied, *n.m.*
  on foot = à pied *adv.*
football = foot, football, *n.m.*
for = car *conj.*, pour *prep.*
  for a long time = longtemps, *adv.*
  for (a past amount of time) = pendant, *prep.*
  for (the time that something has been the case) = depuis, *prep.*
forbidden = interdit(e), *adj.*
foreign = étranger (*f.* étrangère), *adj.*
forest = forêt, *n.f.*
forget, to = oublier, *v.t.*
fork (in a road/river) = fourche, *n.f.*
  fork (cutlery) = fourchette, *n.f.*
fortnight = quinzaine, *n.f.*
forty = quarante
fountain pen = stylo, *n.m.*
four = quatre
fourteen = quatorze
France = France, *n.f.*
free (unoccupied) = libre, *adj.*
  free of charge = gratuit(e), *adj.*
freeze, to = geler, *v.t.*
freezer = congélateur, *n.m.*
French = français(e), *adj.*
  French (language) = français, *n.m.*
  French loaf = baguette, *n.f.*
  French person = Français(e), *n.f.*
  French window = porte-fenêtre, *n.f.*
Friday = vendredi, *n.m.*
fridge = frigo, *n.m.*
friend = ami(e), copain (*f.* copine), *n.m./f.*
frightful, = affreux(euse), *adj.*
frizzy = frisé(e), *adj.*

from = de, *prep.*
  from the = du, de la, de l', des, *prep.*
  from, starting at = dès, à partir de, *prep.*
fruit (piece of) = fruit, *n.m.*
  some fruit = des fruits
full = plein(e), *adj.*
  full time = à plein temps, *adv.*
funny = drôle, rigolo(te), *adj.*
furniture = meubles, *n.m.pl.*

G

game = jeu (*pl.* jeux), *n.m.*
garage = garage, *n.m.*
garden = jardin, *n.m.*
garlic = ail, *n.m.*
  garlic bulb = tête d'ail, *n.f.*
gas = gaz, *n.m.*
  gas cooker = cuisinière à gaz, *n.f.*
generally = généralement, *adv*
generous = généreux(euse), *adj.*
geography = géographie, *n.f.*
gerbil = gerbille, *n.f.*
German = allemand(e), *adj.*
  German (language) = allemand, *n.m.*
Germany = Allemagne, *n.f.*
get dressed, to = s'habiller, *v.r.*
get tanned, to = se bronzer, *v.r.*
get undressed, to = se déshabiller, *v.r.*
get up, to = se lever, *v.r.*
  get up! = lève-toi! / levez-vous!
get washed, to = se laver, *v.r.*
giraffe = girafe, *n.f.*
girl = fille, *n.f.*
  little girl = fillette, *n.f.*
  girlfriend = copine, *n.f.*
give, to = donner, *v.t.*
  to give a (helping) hand = donner un coup de main, *v.t.*
glass = verre, *n.m.*
glasses = lunettes, *n.f.pl.*
glove = gant, *n.m.*
go, to = aller* (*irreg., past participle* allé), *v.i.*
  to go along (in or on a wheeled vehicle) = rouler
  to go around (something) = faire le tour (de ...)
  to go canoing = faire du canoë
  to go cycling = faire du cyclisme, faire du vélo
  to go down(stairs) = descendre
  to go fishing = aller à la pêche
  to go for a walk = faire une promenade, se promener
  to go home = rentrer
  to go horse-riding = faire du cheval
  to go in = entrer*
  to go off looking for = partir à la recherche de
  to go out = sortir* (*irreg., past participle* sorti)
  to go roller-skating = faire du roller
  to go round (a place) = faire un tour
  to go skate-boarding = faire du skate
  to go skating = faire du patin
  to go skiing = faire du ski
  to go swimming = faire de la natation
  to go to bed = se coucher
  to go up = monter*
  to go water-skiing = faire du ski nautique
  to go windsurfing = faire de la planche à voile
go on! = vas-y! allez-y!
goal = but, *n.m.*
goat = chèvre, *n.f.*
goldfish = poisson rouge, *n.m.*
good = bon(ne), *adj.*
  good at = fort(e) en
  good evening = bonsoir
  goodbye! = au revoir!
  goodness! = tiens! ça alors!
goose = oie, *n.f.*
gram = gramme, *n.m.*
grandchildren = petits-enfants, *n.m.pl.*
granddaughter = petite-fille, *n.f.*
grandfather = grand-père (*pl.* grands-pères), *n.m.*
grandmother = grand-mère (*pl.* grands-mères), *n.f.*
grandparents = grands-parents, *n.m.pl.*
grandson = petit-fils, *n.m.*
grape = raisin, *n.m.*

Great Britain = Grande-Bretagne, *n.f.*
great, fun = génial(e), *adj.*
greedy = gourmand(e), *adj.*
green = vert(e), *adj.*
greenhouse = serre, *n.f.*
    greenhouse effect = effet de serre, *n.m.*
    greenhouse gas = gaz à effet de serre, *n.m.*
grey = gris(e), *adj.*
grocery = épicerie, *n.f.*
ground = terrain, *n.m.*
    ground floor = rez-de-chaussée, *n.m.*
group = groupe, *n.m.*
grumpy = grognon(ne), *adj.*
guaranteed = assuré(e), *adj.*
guess, to = deviner, *v.t.*
guest = invité(e), *n.m./f.*
guinea-pig = cochon d'Inde, *n.m.*
gymnastics, PE = gymnastique, *n.f.*

H

hair = cheveux, *n.m.pl.*
half = demi(e) *adj.*, moitié, *n.f.*
    half-brother = demi-frère, *n.m.*
    half-sister = demi-sœur, *n.f.*
ham = jambon, *n.m.*
hamlet = hameau, *n.m.*
hammer = marteau, *n.m.*
hand = main, *n.f.*
hand in (give back), to = rendre, *v.t.*
handkerchief = mouchoir, *n.m.*
handsome = beau (*m.* before a vowel bel, *f.* belle), *adj.*
happen, to = arriver, *v.i.*, se passer, *v.r.*
happy = content(e), heureux(euse), joyeux(euse), *adj.*
harbour = port, *n.m.*
hard = dur(e), *adj.*
    hard disk = disque dur, *n.m.*
    hard working = travailleur(euse), *adj.*
hat = chapeau (*pl.* chapeaux), *n.m.*
hate, to = détester, *v.t.*, avoir horreur de, *v.i.*
have, to = avoir (*irreg.*, *past participle* eu), *v.t.*
    to have a good time = s'amuser, *v.r.*
    to have a good time (esp. enjoying a meal) = se régaler, *v.r.*
    to have something done or made = faire faire, *v.t.*
    to have the right to = avoir le droit de (+ *infin.*), *v.i.*
    to have to (must) = devoir (*irreg.*, *past participle* dû), *v.i.*
he = il, *pron.*
head (towards), to = se diriger (vers), *v.r.*
head = tête, *n.f.*
    to have a headache = avoir mal à la tête
headmaster = directeur, *n.m.*
headmistress = directrice, *n.f.*
hear, to = entendre, *v.t.*
heart = cœur, *n.m.*
heat = chaleur, *n.f.*
heating up = réchauffement, *n.m.*
heatwave = canicule, *n.f.*
heavy = lourd(e), *adj.*
hello = bonjour
    hello (on the telephone) = allô
help, to = aider, *v.t.*
hen = poule, *n.f.*
her = son (*m.*), sa (*f.*), ses (*pl.*), *adj.*
here = ici, *adv.*
    here is, here are = voici
hi! = salut!
high = haut(e), *adj.*
hike = randonnée, *n.f.*
hill = colline, *n.f.*
hire, to = louer, *v.t.*
his = son (*m.*), sa (*f.*), ses (*pl.*), *adj.*
his/hers/one's = le sien, la sienne, les siennes, *pron*, (*m.*, *f.*, *m.pl.*, *f.pl*)
historical = historique, *adj.*
history = histoire, *n.f.*
hobby = passe-temps, *n.m.*
hockey = hockey, *n.m.*
hole = trou, *n.m.*
holiday home = gîte, *n.m.*
holidays = vacances, *n.f.pl.*
holy = saint(e), *adj.*
home, at = chez (moi, toi, Paul, etc), *prep.*
homework = devoirs, *n.m.pl*
honest = honnête, *adj.*
honey = miel, *n.m.*

hoover, to = passer l'aspirateur
hope, to = espérer, *v.i.*
horrible = moche, *adj.*
horse = cheval (*pl.* chevaux), *n.m.*
  horse-riding = équitation, *n.f.*
  to go horseriding = faire de l'équitation, faire du cheval
hospital = hôpital, *n.m.*
hot = chaud(e), *adj.*
  to be hot = avoir chaud
hour = heure, *n.f.*
house = maison, *n.f.*
housewife = ménagère, *n.f.*
housework = ménage, *n.m.*
how = comment, *adv.*
  how much/many? = combien (de)? *adj.interrog.*
however = pourtant, *adv.*
huge = énorme, *adj.*
hundred = cent, *adj./n.m.*
hunger = faim, *n.f.*
hungry, to be = avoir faim
hurry, to = se dépêcher, *v.r.*
husband = mari, *n.m.*
hypermarket = hypermarché, *n.m.*

I

I = je, *pron.*
ice, ice-cream = glace, *n.f.*
ice-cube = glaçon, *n.m.*
idea = idée, *n.f.*
ideal = idéal(e) (*m.pl.* idéaux), *adj.*
identification (any form) = pièce d'identité, *n.f.*
if = si, *conj.*
ill = malade, *adj.*
imagine, to = imaginer, *v.i./v.t.*
important = important(e), *adj.*
impossible = impossible, *adj.*
impressive = superbe, *adj.*
impulsive = impulsif, (f. impulsive) *adj.*
in = dans, *prep.*
  in (+ fem.country) = en, (+ masc. country) = au
  in (+ town/village) = à
  in advance = en avance, *adv.*
  in fact = au fait, *adv.*
  in front of = devant, *prep.*
  in order to = afin de, *conj.*, pour (+ *infin.*), *prep.*
  in this way, thus = ainsi, *adv.*
  in school = à l'école
  in year 7 = en sixième
  in year 8 = en cinquième
  in year 12 (lower sixth form) = en première
incredible = incroyable, *adj.*
industrial = industriel(le), *adj.*
information = renseignements, *n.m.pl.*
inhabitant = habitant, *n.m.*
instead of = au lieu de, *prep.*
instructor (*m.*) = moniteur, *n.m*
instructor *(f)* = monitrice, *n.f.*
intelligent = intelligent(e), *adj.*
interesting = intéressant(e), *adj.*
introduce (oneself), to = (se) présenter, *v.t.*, *v.r.*
invent, to = inventer, *v.t.*
invitation = invitation, *n.f.*
invite, to = inviter, *v.t.*
irregular = irrégulier(ière), *adj.*
irritate, to = embêter, *v.t.*
isn't that so ? = n'est-ce pas?
it is = c'est
  it is necessary to = il faut (+ *infin.*)
  it's ok, I'm fine etc. = ça va
Italian = italien(ne), *adj.*
Italy = Italie, *n.f.*
its = son (*m.*), sa (*f.*), ses (*pl.*), *adj.*

J

jacket = veste, *n.f.*
jam = confiture, *n.f.*
  traffic jam = bouchon, *n.m.*
January = janvier, *n.m.*
Japan = Japon, *n.m.*
Japanese = japonais(e), *adj.*
jeans, pair of = jean, *n.m.*
jeweller = bijoutier, *n.m.*
job, profession = métier, *n.m.*
jug = carafe, *n.f.*
  jug (for wine or water) = pichet, *n.m.*

juice (orange) = jus (d'orange), *n.m.*
July = juillet, *n.m.*
June = juin, *n.m.*

K

keep, to = garder, *v.t.*
  to keep on a lead = tenir en laisse, *v.t.*
keyboard = clavier, *n.m.*
kilo (1 kg) = kilo, *n.m.*
kilometre (1 km) = kilomètre, *n.m.*
kind, nice = gentil(le), *adj.*
king = roi, *n.m.*
kiss, to = embrasser, *v.t.*
kisses = bises, *n.f.pl.*
kitchen = cuisine, *n.f.*
kitten = chaton, *n.m.*
knee = genou, *n.m.*
knife = couteau (*pl.* couteaux), *n.m.*
know (a fact), to = savoir (*irreg., past participle* su), *v.t.*
  to know (a person or place) = connaître (*irreg., past participle* connu), *v.t.*
knowledge = culture, *n.f.*

L

lab(oratory) = labo(ratoire), *n.m.*
labourer = ouvrier(ière), *n.m./f.*
lad (slang) = gars, *n.m.*
lake = lac, *n.m.*
lamb = agneau, *n.m.*
lamp = lampe, *n.f.*
land = terre, *n.f.*
landing = palier, *n.m.*
landscape = paysage, *n.m.*
language (e.g. French) = langue, *n.f.*
large = gros(se), *adj.*
  a large family = une famille nombreuse, *n.f.*
last = dernier (f. dernière), *adj*
last, to = durer, *v.i.*
late = (for an appointment) en retard, (at a late hour) tard, *adv.*
lateness = retard, *n.m.*
Latin = latin, *n.m.*
laugh, to = rire (*irreg., past participle* ri), *v.i.*
lavatory = w.c., *n.m.*, toilette, *n.f.*
lawyer (similar to solicitor) = notaire, *n.m.*
lay the table, to = mettre la table, *v.t.*
layer = couche, *n.f.*
lazy = paresseux(euse), *adj.*
lead, to = mener, *v.t.*
leaf = feuille, *n.f.*
leaflet = dépliant, *n.m.*
learn, to = apprendre (*irreg. like* prendre, *past participle* appris), *v.t.*
leather = cuir, *n.m.*
  made of leather = en cuir
leave (e.g. a room), to = quitter, *v.t.*, (to depart) = partir*, *v.i.*
  to leave (something somewhere) = laisser, *v.t.*
left = gauche, *adj.*
  the left = la gauche, *n.f.*
  on the left = à gauche
left-luggage lockers = consigne (automatique), *n.f.*
leg = jambe, *n.f.*
leisure, free-time interests = loisirs, *n.m.pl.*
lemon = citron, *n.m.*
lemonade = limonade, *n.f.*
lend, to = prêter, *v.t.*
less = moins, *adv.*
lesson = cours, *n.m.*, leçon, *n.f.*
  lesson (private) = cours particulier, *n.m.*
let someone do as they please, to = laisser faire, *v.t.*
let's go = on y va! allons-y!
letter = lettre, *n.f.*
letter box = boîte aux lettres, *n.f.*
library = bibliothèque, *n.f.*
licence = permis, *n.m.*
life-jacket = gilet de sauvetage, *n.m.*
lift, elevator = ascenseur, *n.m.*
light (colour) = clair, *adj.*
light (not heavy) = léger (f. légère), *adj.*
light, lamp = lampe, *n.f.*
  light bulb = ampoule, *n.f.*
light, to turn on = allumer, *v.t.*
lightning flash = éclair, *n.m.*
like = comme, *adv.*
like, to = aimer, *v.t.*
line = ligne, *n.f.*

list = **liste**, *n.f.*
listen (to), to = **écouter**, *v.t.*
litre = **litre**, *n.m.*
little, a = **un peu**, *n.m.*
 little, not much = **peu**, *adv.*
live (i.e. be alive), to = **vivre** (*irreg.*, *past participle* **vécu**), *v.i.*
 to live (i.e. inhabit) = **habiter**, *v.t./v.i.*
living room = **living**, *n.m.*, **séjour**, *n.m.*
loads of = **tas de**, *n.m.* (*slang*)
locker = **casier**, *n.m.*
long = **long(ue)**, *adj.*
 for a long time = **longtemps**, *adv.*
 a long way away = **loin**, *adv.*
 long-lasting = **longue-durée**, *adj.*
 long-stay car park = **parking longue-durée**, *n.m.*
look (at), to = **regarder**, *v.t.*
 to look after = **garder**, *v.t.*, **s'occuper de**, *v.r.*
 to look for = **chercher**, *v.t.*
 to look out onto = **donner sur**, *v.t.*
lose, to = **perdre**, *v.t.*
lost property office = **bureau des objets trouvés**, *n.m.*
lot (of), lots (of) = **beaucoup (de)** *adv.*
love from (literally, kisses) = **bises**, *n.f.pl.*, **bisous**, *m.pl.*
love, to = **adorer**, *v.t.*
low = **bas(se)**, *adj.*
luggage = **bagages**, *n.m.pl.*
lunch = **déjeuner**, *n.m.*

M

mad (about) = **fou** (*f.* **folle**) **(de)**, *adj.*
made of (silver/wool) = **en (argent/laine)**
magazine = **magazine**, *n.m.*
magnificent = **magnifique**, *adj.*
make, to = **faire** (*irreg.*, *past participle* **fait**), *v.t.*
 to make a film = **tourner un film**
 to make one's bed = **faire son lit**
 to make one's way = **se diriger**, *v.r.*
 to make use of = **se servir de**, *v.r.*
man = **homme**, *n.m.*
manage, to = **arriver à**, *v.i.* (+ *infin.*)
many = **beaucoup de** *adj.*
map = **carte**, *n.f.*
March = **mars**, *n.m.*
mark (out of 20) = **note (sur 20)**, *n.f.*
market = **marché**, *n.m.*
mass (in church) = **messe**, *n.f.*
master, to = **maîtriser**, *v.t.*
match up, to = **faire correspondre**
maths = **maths**, *n.m.pl.*
May = **mai**, *n.m.*
may I? = **puis-je?**
mayor's office = **mairie**, *n.f.*
me, to me = **me**, *pron.*
 me (emphatic), as for me = **moi**
 me too = **moi aussi**
mean = **radin(e)**, *adj.*
measure, to = **mesurer**, *v.t.*
meat = **viande**, *n.f.*
medium-sized = **moyen(ne)**, *adj.*
 of medium build/height = **de taille moyenne**, *adv.*
meet, to = **rencontrer**, *v.t.*
 to meet up = **se retrouver**, *v.r.*, **se réunir**, *v.r.*
meeting = (appointment) **rendez-vous**, *n.m.*, (business) **réunion**, *n.f.*
melon = **melon**, *n.m.*
menu = (list of dishes) **carte**, *n.f.*, (set meal) **menu** *n.m.*
message = **message**, *n.m.*
metre = **mètre**, *n.m.*
microwave oven = **four à micro-ondes**, *n.m.*
middle = **milieu**, *n.m.*
midnight = **minuit**, *n.m.*
milk = **lait**, *n.m.*
million = **million**, *n.m.*
mineral water = **eau minérale**, *n.f.*
mine = **le mien, la mienne, les miens, les miennes**, *pron.* (*m., f., m.pl., f.pl.*)
minus = **moins**, *adv.*
minute = **minute**, *n.f.*
mirror = **glace**, *n.f.*, **miroir**, *n.m.*
Miss = **mademoiselle, Mlle**, *n.f.*
mist spray = **brumatiseur**, *n.m.*
mistake = **erreur**, *n.f.*, **faute**, *n.f.*

mix, to = mélanger, *v.t.*
model (plane, car etc.) = maquette, *n.f.*
modern = moderne, *adj.*
  modern languages = langues vivantes, *n.f.pl.*
moment = moment, *n.m.*
Monday = lundi, *n.m.*
money = argent, *n.m.*
month = mois, *n.m.*
monthly = mensuel(le), *adj.*
monument = monument, *n.m.*
moon = lune, *n.f.*
more (of something) = encore (du/de la/de l'/des), (+ *adj.*) plus
morning = matin, *n.m.*, matinal(e), *adj.*
mother = mère, *n.f.*
  mother-in-law = belle-mère, *n.f.*
motor-boat = vedette, *n.f.*
mountain = montagne, *n.f.*
  mountain climbing = alpinisme, *n.m.*
  mountain range = chaîne, *n.f.*
mouse = souris, *n.m.*
mouth = bouche, *n.f.*
Mr = monsieur, M., *n.m.*
Mrs = madame, Mme, *n.f.*
mud = boue, *n.f.*
Mum/Mummy = maman, *n.f.*
museum = musée, *n.m.*
mushroom = champignon, *n.m.*
music = musique, *n.f.*
musical = musicien(ne), *adj.*
mustard = moutarde, *n.f.*
my = mon (*m.*), ma (*f.*), mes (*pl.*), *adj.*

N

name = nom, *n.m.*
  first name = prénom, *n.m.*
narrow = étroit(e), *adj.*
nasty = méchant(e), *adj.*
naughty = méchant(e), *adj.*
nautical = nautique, *adj.*
near to = près de, *prep.*
nearly = presque, *adv.*
necessary = nécessaire, *adj.*
  it is necessary = il faut
need, to = avoir besoin de, *v.i.*
negative = négatif (*m.*), negative (*f.*), *adj.*
neighbour = voisin(e), *n.m./n.f.*
neighbouring = voisin(e), *adj.*
neither...nor = ni...ni, *adv.*
nephew = neveu, *n.m.*
never = jamais (ne … jamais), *adv.*
nevertheless, even so = quand même, *adv.*
new = nouveau, (*m.* before a vowel or silent h nouvel, (*f.* nouvelle), *adj.*; neuf (*f.* neuve), *adj.*
New Year's Day = jour de l'an, *n.m.*
New Year's Eve = Saint Sylvestre, *n.m.*
newcomer = nouveau venu, *n.m.*
news = informations, infos, *n.f.pl.*
  news (television or radio) = actualités, *n.f.pl.*
newsagent's = maison de la presse, *n.f.*
newspaper = journal (*pl.* journaux), *n.m.*
next = prochain(e), *adj.*
next to = à côté de, *prep.*
nice = (of a person) aimable, gentil(le), sympa (short for sympathique), *adj.*
  (of a thing) = agréable, *adj.*
nickname = surnom, *n.m.*
niece = nièce, *n.f.*
nine = neuf
nineteen = dix-neuf
ninety = quatre-vingt-dix
no = non, *adv.*
  no (i.e. not a single) = ne…aucun(e), e.g. il n'a aucun stylo
  no (not any) = ne…pas de, e.g. je n'ai pas de stylo
  no longer = ne…plus
  no one, nobody = (subject) personne ne, (object) ne…personne,
  e.g. personne n'est venu, je ne vois personne
noise = bruit, *n.m.*
noisy = bruyant(e), *adj.*
non-smoking = non-fumeur, *adj.*
non-stop = direct(e), *adj.*
noon, midday = midi, *n.m.*
normal = normal(e) (*m. pl.* normaux), *adj.*
Norman (i.e. from Normandy) = normand(e), *adj.*

north = nord, *n.m.*
nose = nez, *n.m.*
not (in a verb expression) = ne…pas
  not = pas, *adv.*
  not any = pas de
  not as well, worse = moins bien, *adv.*
  not bad = pas mal, *adv.*
  not much = peu, *adv.*
note = note, *n.f.*
note-book = carnet, *n.m.*
nothing = rien (ne … rien)
notice, to = remarquer, *v.t.*, s'apercevoir (*irreg., past participle* s'aperçu), *v.r.*
noun = nom, *n.m.*
novel = roman, *n.m.*
November = novembre, *n.m.*
now = maintenant, *adv.*
number = numéro, *n.m.*
  (figure, statistic) = chiffre, *n.m.*
numerous = nombreux(euse), *adj.*
nurse = infirmier(ière), *n.m./f*

O

o'clock: at *x* o'clock = heures: à *x* heures, *adv.*
object = objet, *n.m.*
October = octobre, *n.m.*
of = de, *prep.*
  of the = du, de la, de l', des, *prep.*
  of course = bien sûr, *adv.*
  of it, of them = en, *pron.* (placed in front of noun).
offer, to = proposer, *v.t.*
office, = bureau, *n.m.*
often = souvent, *adv.*
oil = huile, *n.f.*
OK = d'accord, *adv.*
old, = vieux (*m.* before a vowel vieil, *f.* vieille), (former) ancien(ne), *adj.*
older (in age) = plus âgé(e)
  the older brother = le frère aîné
  the older sister = la soeur aînée
on (on top of) = sur, *prep.*
  on foot = à pied, *adv.*
  on time = à temps, *adv.*
  on Tuesday = mardi
  on Tuesdays = le mardi, *adv.*
once more, one more time = encore une fois, *adv.*
one, we = on, *pron.*
one's = son (*m.*), sa (*f.*), ses (*pl.*), *adj.*
one-way ticket = aller simple, *n.m.*
on-line = en ligne, *adv.*
only = unique, *adj.*
only, = seulement, *adv.*
open, to = ouvrir (*irreg., past participle* ouvert), *v.t.*
open = ouvert(e), *adj.*
opening hours = heures d'ouverture, *n.f.pl.*
Opera house in Paris = Opéra, *n.m.*
opinion, in my = à mon avis
opposite = en face (de), *prep.*, contraire, *n.m.*
optimistic, = optimiste, *adj.*
or = ou, *conj.*
orange = orange, *n.f.*
orangina = orangina, *n.m.*
orchestra = orchestre, *n.m.*
order, to = commander, *v.t.*
oriental = oriental(e), *adj.*
other = autre, *adj.*
our = notre (*s.*), nos (*pl.*), *adj.*
ours = le nôtre, la nôtre, les nôtres, *pron.* (*m., f., m* and *f.pl.*)
out of order (not working) = en panne, *adj.*
outing = sortie, *n.f.*
outing, walk = promenade, *n.f.*
outside = dehors, *adv.*
  outside the station = devant la gare
overcast = couvert(e), *adj.*
overhead projector = rétroprojecteur, *n.m.*
own, *adj.* = propre
own, to = posséder, *v.t.*
owner = propriétaire, *n.m./f.*

P

packet = paquet, *n.m.*
paint, to = peindre (*irreg., past participle* peint), *v.t.*
painting = peinture, *n.f.*

pair of jeans = jean, *n.m.*
pair of shorts = short, *n.m.*
pair of trousers = pantalon, *n.m.*
pancake = crêpe, *n.f.*
pane of glass = vitre, *n.f.*
paper, piece of paper = papier, *n.m.*
parents = parents, *n.m.pl.*
park = parc, *n.m.*
park, to = stationner, *v.t./v.i.*, garer, *v.t.*
parrot = perroquet, *n.m.*
partner = partenaire, *n.m./f.*
party = boum, *n.f.*, soirée, *n.f.*
pass, to = passer, *v.t./v.i.*
to pass (of time) = s'écouler, *v.r.*
to pass an exam = réussir à un examen, *v.t.*
passage = passage, *n.m.*
passport = passeport, *n.m.*
pasta = pâtes, *n.f.pl.*
pastry (cake) = pâtisserie, *n.f.*
paté = pâté, *n.m.*
path = chemin, *n.m.*
patio = terrasse, *n.f.*
pavement = trottoir, *n.m.*
pay (for), to = payer, *v.t.*
PE = EPS
pea = petit-pois, *n.m.* (*pl.* petits-pois)
peach = pêche, *n.f.*
peel, to = éplucher, *v.t.*
pen = stylo, *n.m.*
pen friend = correspondant(e), *n.m./f.*
pencil = crayon, *n.m.*
pencil case = trousse, *n.f.*
people = gens, *n.m.pl.*
pepper = (spice) poivre, *n.m.*, (vegetable) poivron, *n.m.*
per day = par jour, *adv.*
per person = par personne, *adv.*
perfect = impeccable, *adj.*, parfait(e), *adj.*
person = personne, *n.f.*
phone, to = téléphoner (à), *v.i.*
phone box = cabine téléphonique, *n.f.*
photograph = photo, *n.f.*
physics = physique, *n.f.*
picnic = pique-nique, *n.m.*
to have a picnic = faire un pique-nique
picture = image, *n.f.*
piece, bit = morceau, *n.m.*
piece of paper = papier, *n.m.*
pill, = comprimé, *n.m.*
pillow = oreiller, *n.m.*
pine tree = pin, *n.m.*
pink = rose, *adj.*
pitch (for a tent or caravan) = emplacement, *n.m.*
pitch (sport) = terrain, *n.m.*
pitcher (jug for wine or water) = pichet, *n.m.*
place = endroit, *n.m.*
place, to = poser, *v.t.*
plant = planter, *v.t.*
plaster, band-aid = sparadrap, *n.m.*
plate = assiette, *n.f.*
platform = quai, *n.m.*
play (in theatre) = pièce, *n.f.*
play, to = jouer, *v.t./v.i.*
playground = cour, *n.f.*
please = s'il te plaît (familiar), s'il vous plaît (formal)
pleasure = plaisir, *n.m.*
plenty of = plein de
plum = prune, *n.f.*
pocket = poche, *n.f.*
poetry = poésie, *n.f.*
police = police, *n.f.*
police film = polar, *n.m.*
police force = gendarmerie, *n.f.*
policeman = agent (de police), *n.m.*, gendarme, *n.m.*
police station = gendarmerie, *n.f.*
polite = poli(e), *adj.*
polluted = pollué(e), *adj.*
poor, = pauvre, *adj.*
pork = porc, *n.m.*
pork chop = côte de porc, *n.f.*
positive = affirmatif (*f.* affirmative), *adj.*
possible = possible, *adj.*
post, to = poster, envoyer, *v.t.*
post (a notice on a board), to = afficher, *v.t.*
post (mail, letters) = courrier, *n.m.*

post code = code postal, *n.m.*
post office = poste, *n.f.*
postcard = carte postale, *n.f.*
poster, = poster, *n.m.* affiche, *n.f.*
potato = pomme de terre, *n.f.*
pound = livre, *n.f.*
power = force, *n.f.*
practical, = pratique, *adj.*
practise (e.g. a sport), to = pratiquer, *v.t.*
prefer, to = préférer, *v.t.*
premises = locaux, *n.m.pl.*
prep (homework) = devoirs, *n.m.pl.*
prepare, to = préparer, *v.t.*
prescription = ordonnance, *n.f.*
present = présent(e), *adj.*
present, gift = cadeau (*pl.* cadeaux), *n.m.*
pretty = joli(e), *adj.*
price = prix, *n.m.*
printer (ICT) = imprimante, *n.f.*
private = privé(e), *adj.*
  private lesson = cours particulier, *n.m.*
prize = prix, *n.m.*
problem = problème, *n.m.*
produce, to = produire (*irreg., past participle* produit), *v.t.*
product = produit, *n.m.*
production (artistic or theatrical) = mise en scène, *n.f.*
programme (on TV) = émission, *n.f.*
promise, to = promettre, *v.t.*
  to promise to do = promettre de faire
protect, to = protéger, *v.t.*
prune = pruneau, *n.m.*
pull, to = tirer, *v.t.*
  to pull out = arracher, *v.t.*
pullover = pull, *n.m.*
punish, to = punir, *v.t.*
put, to = mettre (*irreg., past participle* mis), *v.t.*
  to put away (tidy) = ranger, *v.t.*
pyjamas (pair of) = pyjama, *n.m.*

Q

quarter = quart, *n.m.*
  quarter past ... = ... et quart
  quarter to ... = ... moins le quart
quay = quai, *n.m.*
queue = queue, *n.f.*
quick = rapide, *adj*
quickly = vite, rapidement, *adv.*
quiet (calm) = calme, *adj.*
  quiet (gentle) = doux (*f.* douce), *adj.*
quite = assez (+ *adj.*), *adv.*

R

rabbit = lapin, *n.m.*
racket = raquette, *n.f.*
radio = radio, *n.f.*
  radio schedule = programme, *n.m.*
rain, to = pleuvoir (*irreg., past participle* plu), *v.i.*
  it is raining = il pleut, *v.i.*
raincoat = imper(méable), *n.m.*
rainforest = forêt tropicale, *n.f.*
raise, to = lever, *v.t.*
rake = rateau, *n.m.*
rake, to = ratisser, *v.t.*
read, to = lire (*irreg., past participle* lu), *v.t.*
reading = lecture, *n.f.*
ready = prêt(e), *adj.*
realise, to = se rendre compte, *v.r.*
  to realise (an ambition) = réaliser, *v.t.*
really = vraiment, *adv.*
recognise, to = reconnaître (*irreg. like* connaître, *past participle* reconnu), *v.t.*
recycle, to = recycler, *v.t.*
red = rouge, *adj.*
  red (of hair) = roux (*f.* rousse), *adj.*
redhead = roux (*f.* rousse), *n.m./f.*
reduction = réduction, *n.f.*
refuse, to = refuser, *v.t./v.i.*
region = région, *n.f.*
regret, to = regretter, *v.t.*
regular = régulier (*f.* régulière), *adj.*
rehearse, to = répéter, *v.t.*
rejoin, to = réunir, *v.t.*
religious studies = études religieuses, *n.f.pl.*
rent, to = louer, *v.t.*
repair, to = réparer, *v.t.*
repeat, to = répéter, *v.t.*

report (to a place), to = se présenter, *v.r.*
reservation = réservation, *n.f.*
reserve, to = réserver, *v.t.*
rest = repos, *n.m.*
  rest (breathing space) = répit, *n.m.*
rest, to = se reposer, *v.r.*
restaurant = restaurant, *n.m.*
restore, to = remettre en valeur, *v.t.*
result = résultat, *n.m.*
retain, to = retenir, *v.t.*
return (give back), to = rendre, *v.t.*
  return (go back) = retourner*, *v.i.*
  return (come back) = revenir*, *v.i.*
  return (home) = rentrer*, *v.i.*
  return (to school or work after holiday) = rentrée, *n.f.*
return ticket = aller-retour, *n.m.*
revise, to = réviser, *v.t.*
revue = revue, *n.f.*
rice = riz, *n.m.*
rich = riche, *adj.*
right (opp. to left) = droit(e), *adj.*
  right (correct) = bon(ne), *adj.*
  right (true) = vrai(e), *adj.*
  right away = tout de suite, *adv.*
  to be right = avoir raison
  right-hand side = droite, *n.f.*
river = rivière, *n.f.*
road = route, *n.f.*
roast = rôti, *n.m.*
Roman = romain, *n.m.*
roof = toit, *n.m.*
room = (in house) pièce, *n.f.*, (large) salle, *n.f.*
rough = (of sea) agité(e), *adj.*
roughly (approximately) = environ, *adv.*
round = rond(e), *adj.*
roundabout (on road) = rond-point, *n.m.*
rubber, eraser = gomme, *n.f.*
rubbish = déchets, *n.m.pl*
rucksack = sac à dos, *n.m.*
rug = tapis, *n.m.*
rule (regulation) = règle, *n.f.*
ruler = règle, *n.f*
runway = piste, *n.f.*

S

saint = saint(e), *n.m./f.*
salad = salade, *n.f.*
salami sausage = saucisson, *n.m.*
sales (in the shops) = soldes, *n.m.pl.*
salt = sel, *n.m.*
same = même, pareil(le) *adj.*,
  it's all the same = c'est égal
  at the same time = en même temps, *adv.*
sand = sable, *n.m.*
  sand castle = château de sable, *n.m.*
sandal = sandale, *n.f.*
sand-yacht(ing) = char à voile, *n.m.*
Saturday = samedi, *n.m.*
sauce = sauce, *n.f.*
saucepan = casserole, *n.f.*
saucer = soucoupe, *n.f.*
sausage = saucisse, *n.f.*
save, to = sauver, *v.t.*
  to save (money) = économiser, *v.i.*
say, to = dire (*irreg., past participle* dit), *v.t.*
scales, weighing = balance, *n.f.*
scarf (long) = écharpe, *n.f.*
  (silk) = foulard, *n.m.*
scenery = paysage, *n.m.*
schedule = programme, *n.m.*
school = école, *n.f.*
  school bag = cartable, *n.m.*
  school desk = pupitre, *n.m.*
  school uniform = uniforme scolaire *n.m.*
  secondary school = collège, *n.m.*
  sixth form college = lycée, *n.m.*
science = sciences, *n.f.pl.*
scientist = scientifique, *n.m./f.*
score (e.g. a goal), to = marquer, *v.t.*
screen = écran, *n.m.*
sea = mer, *n.f.*, océan, *n.m.*
  seafood = fruits de mer, *n.m.pl.*
  sea-sickness = mal de mer, *n.m.*
  at the seaside = au bord de la mer
  seaside resort = station balnéaire, *n.f.*
season = saison, *n.f.*
secretary = secrétaire, *n.m./f.*

see, to = voir (*irreg., past participle* vu), *v.t.*
to see again = revoir, *v.t.*
see you soon! = à bientôt!
seed = graine, *n.f.*
seem, to = paraître (*irreg., past participle* paru), *v.i.*, avoir l'air (+ *adj.*)
sell, to = vendre, *v.t.*
sellotape = scotch, *n.m.*
send, to = envoyer, *v.t.*
to send for = faire venir, *v.t.*
sense, to = sentir (*irreg. like* partir, *past participle* senti), *v.t.*
sentence = phrase, *n.f.*
September = septembre, *n.m.*
serious = (e.g. of illness) grave, *adj.*, sérieux (*f.* sérieuse), *adj.*
set off, to = se mettre en route, *v.r.*
settle in, to = s'installer, *v.r.*
seven = sept
seventeen = dix-sept
seventy = soixante-dix
several = plusieurs, *adj.*
shame! = dommage!
shandy = panaché, *n.m.*
shape, figure = forme, *n.f.*
in good shape, fit = en forme, *adj.*
share, to = partager, *v.t.*
she = elle, *pron.f.*
shed (light), to = répandre (de la lumière), *v.t.*
shed = remise, *n.f.*
sheep = mouton, *n.m.*
sheet music, piece of = partition, *n.f.*
shelf = étagère, *n.f.*
shine, to = briller, *v.i.*
shirt = chemise, *n.f.*
shoes = chaussures, *n.f.pl.*
shop = magasin, *n.m.*, boutique, *n.f.*
shopping centre = centre commercial, *n.m.*
short = court(e), *adj.*
pair of shorts = short, *n.m.*
show, performance = spectacle, *n.m.*
show, to = montrer, *v.t.*
shower (in bathroom) = douche, *n.f.*
shower (rain) = averse, *n.f.*
shutter = volet, *n.m.*, (slatted) persienne, *n.f.*
shy = timide, *adj.*
side = côté, *n.m.*
sign = panneau, *n.m.*
silence = silence, *n.m.*
silly = bête, *adj.*
silver = argent, *n.m.*
silver (made of) = en argent, *adj.*
simple = simple, *adj.*
since = depuis, *prep./adv.*
sincere = sincère, *adj.*
sing, to = chanter, *v.t.*
single (ticket etc.) = simple, *adj.*
single (unmarried) = célibataire, *n.m./f.*
sir = monsieur, *n.m.*
sister = sœur, *n.f.*
sister-in-law = belle-sœur, *n.f.*
sit down! = assieds-toi!/asseyez-vous!
sitting room = salon, *n.m.*, salle de séjour, *n.f.*
situated = situé(e), *adj.*
situated, to be = se trouver, *v.r.*
six = six
sixteen = seize
sixth = sixième
sixty = soixante
size = taille, *n.f.*
skates = patins, *n.m.pl*
skating = patin, *n.m.*
to go skating = faire du patin
skating rink = patinoire, *n.f.*
skiing = ski, *n.m.*
ski boot = chaussure de ski, *n.f.*
ski lift = remonte-pente, *n.m.*
ski pole = baton de ski, *n.m.*
ski run = piste, *n.f.*
skirt = jupe, *n.f.*
sleep, to = dormir (*irreg., past participle* dormi), *v.i.*
slice = tranche, *n.f.*
slim = mince, *adj.*
slippery = glissant(e), *adj.*
slot = fente, *n.f.*
slow = lent(e), *adj.*
slowly = lentement, *adv.*

slowness = **retard**, *n.m.*
sly = **sournois(e)**, *adj.*
small = **petit(e)**, *adj.*
smart, trendy = **chic**, *adj.*
smile, to = **sourire** (*irreg.*, *past participle* **souri**), *v.i.*
smiley = **souriant(e)**, *adj.*
smoke, to = **fumer**, *v.i./v.t.*
snake = **serpent**, *n.m.*
snow = **neige**, *n.f.*
snow, to = **neiger**, *v.i.*
so (much) = **tellement**, *adv.*
  so (so big etc.) = **si**, *adv.*
  so then, well then! = **alors**, *adv.*
  so, therefore = **donc**, *conj.*
soap = **savon**, *n.m.*
  soap (style of TV programme) = **feuilleton**, *n.m.*
social studies = **éducation civique**, *n.f.*
sock = **chaussette**, *n.f.*
sofa = **canapé**, *n.f.*
software = **logiciel**, *n.m.*
solar system = **système solaire**, *n.m.*
some = **du, de l', de la, des**
  some (a few) = **quelques-un(e)s**, *pron.*
someone = **quelqu'un**, *pron.*
something = **quelque chose**, *pron.*
  something else = **autre chose**, *n.f.*
sometimes = **quelquefois, parfois**, *adv.*
son = **fils**, *n.m.*
  son-in-law = **gendre**, *n.m.*
song = **chanson**, *n.f.*
soon = **bientôt**, *adv.*
sorbet = **sorbet**, *n.m.*
sore (e.g. to have a sore leg) = **avoir mal à la jambe**
sorry = **désolé(e)**, *adj.*
sort, type = **sorte**, *n.f.*
soup = **soupe**, *n.f.*, **potage**, *n.m.*
south = **sud**, *n.m.*
  South of France = **Midi**, *n.m.*
space = **espace**, *n.m.*
spacious = **spacieux** (*f.* **spacieuse**), *adj.*
spade = **pelle**, *n.f.*
spaghetti = **spaghettis**, *n.m.pl.*
Spain = **Espagne**, *n.f.*
Spanish = **espagnol(e)**, *adj.*
Spanish (language) = **espagnol**, *n.m.*
sparkle, to = **scintiller**, *v.i.*
sparkling water = **eau gazeuse**, *n.f.*
speak, to = **parler**, *v.t./v.i.*
special = **spécial(e)**, *adj.*
spend (money), to = **dépenser**, *v.t.*
  to spend (time) = **passer (le temps)**, *v.t.*
spider = **araignée**, *n.f.*
spoon = **cuillère**, *n.f.*
sport = **sport**, *n.m.*
  sports centre = **centre sportif**, *n.m.*
  sports ground = **stade**, *n.m.*
sporty = **sportif** (*f.* **sportive**), *adj.*
spreadsheet = **tableur**, *n.m.*
spring (season) = **printemps**, *n.m.*
square (in town centre) = **place**, *n.f.*
square (shape) = **carré(e)**, *adj.*
stable = **écurie**, *n.f.*
stage, on = **sur scène**, *adv.*
staircase = **escalier**, *n.m.*
stamp (postage) = **timbre**, *n.m.*
star (film) = **vedette**, *n.f.*
status = **statut**, *n.m.*
stay = **séjour**, *n.m.*
stay, to = **rester***, *v.i.*
steak = **steak**, *n.m.*
  steak (thin) = **escalope**, *n.f.*
steep (hill) = **raide**, *adj.*
step-brother = **demi-frère**, *n.m.*
step-father = **beau-père**, *n.m.*
step-mother = **belle-mère**, *n.f.*
step-sister = **demi-sœur**, *n.f.*
stick, to = **coller**, *v.t.*
still = **toujours, encore**, *adv.*
  still water = **eau plate**, *n.f.*
stocky = **costaud(e)**, *adj.*
stomach = **estomac**, *n.m.*, **ventre**, *n.m.*
stop, to = **arrêter**, *v.t.*
  to stop (oneself) = **s'arrêter**, *v.r.*
storm = **orage**, *n.m.*
story = **histoire**, *n.f.*

straight (hair) = raide, *adj.*
straight on = tout droit, *adv.*
straw = paille, *n.f.*
strawberry = fraise, *n.f.*
street = rue, *n.f.*
  street map = plan, *n.m.*
strength, power = force, *n.f.*
strict = sévère, *adj.*
string (for tying) = ficelle, *n.f.*
  string (on musical instrument) = corde, *n.f.*
  stringed instrument = instrument à cordes, *n.m.*
strip cartoon = bande dessinée, *n.f.*
strong = fort(e), *adj.*
student = étudiant(e), *n.m./f.*
study (office) = bureau, *n.m.*
study, to = étudier, *v.t.*
stupid = stupide, *adj.*
subject (at school) = matière, *n.f.*
subtitles = sous-titres, *n.m.pl.*
suburbs = banlieue, *n.f.*
succeed (be successful), to = réussir, *v.i.*
success = réussite, *n.f.*
suddenly = soudain, *adv.*
suffer, to = souffrir (*irreg., past participle* souffert), *v.i.*
sugar = sucre, *n.m.*
suggest, to = proposer, *v.t.*
suit, outfit = costume, *n.m.*
suitcase = valise, *n.f.*
summer = été, *n.m.*
  the summer holidays = les grandes vacances, *n.f.pl.*
sun = soleil, *n.m.*,
  solaire, *adj.* (e.g. sun cream, sun screen etc.)
Sunday = dimanche, *n.m.*
sunny = ensoleillé(e), *adj.*
  sunny spell = éclaircie, *n.f.*
  it's sunny = il y a du soleil
super = super, *adj.*
supermarket = supermarché, *n.m.*
supervisor = surveillant(e), *n.m./f.*
sure = sûr(e), *adj.*
surf the net, to = surfer sur Internet, *v.i.*
surgery = cabinet, *n.m.*
  surgery hours = heures de consultation, *n.f.pl.*
surname = nom (de famille), *n.m.*
surprise = surprise, *n.f.*
surrounding area = environs, *n.m.pl.*
swear (to), to = jurer (de + *infin.*), *v.t.*
sweet = bonbon, *n.m.*
  sweet things = sucreries, *n.f.pl.*
sweet, cute = mignon(ne), *adj.*
swim, to = nager, *v.i.*
swimming = natation, *n.f.*
  swimming costume = maillot de bain, *n.m.*
  swimming pool = piscine, *n.f.*
  swimming trunks (pair of) = slip de bain, *n.m.*
Swiss = suisse, *adj.*
Switzerland = Suisse, *n.f.*

T

table = table, *n.f.*
table tennis = ping-pong, *n.m.*
tail = queue, *n.f.*
take, to = prendre (*irreg., past participle* pris), *v.t.*
  to take an exam = passer un examen
  to take (someone somewhere) = emmener, *v.t.*
  to take (something) outside = sortir (*irreg., past participle* sorti), *v.t.*
  to take (the bins) out = sortir (les poubelles), *v.t.*
  to take (the dog) out = sortir (le chien), *v.t.*
  to take away = emporter, *v.t.*
  to take place = avoir lieu, *v.i.*
to take two hours to… = mettre deux heures à ...
  to take (something up) = monter, *v.t.*
talkative = bavard(e), *adj.*
tall = grand(e), *adj.*
tanned = bronzé(e), *adj.*
tap = robinet, *n.m.*
tape-recorder = magnétophone, *n.m.*
tart (apple) = tarte (aux pommes), *n.f.*
tasteless = fade, *adj.*
taxi = taxi, *n.m.*
tea = thé, *n.m.*
  tea (4.00 pm snack) = goûter, *n.m.*

teacher = professeur, *n.m.*
teacher (slang) = prof, *n.m.*
team = équipe, *n.f.*
tease, to = taquiner, *v.t.*
technology = technologie, *n.f.*
teenager = adolescent(e), *n.m./f.*
telephone = téléphone, *n.m.*
telephone, to = téléphoner (à), *v.i.*
television = télé(vision), *n.f.*
television station = chaîne, *n.f.*
television programme = emission, *n.f.*
tell, to = dire (*irreg., past participle* dit), *v.t.*
temperature = (fever) fièvre, *n.f.*, (atmosphere) température, *n.f.*
temporarily = provisoirement, *adv.*
ten = dix
tennis = tennis, *n.m.*
tennis racket = raquette de tennis, *n.f.*
tent = tente, *n.f.*
term (e.g. Spring Term) = trimestre, *n.m.*
terrace = terrasse, *n.f.*
terrestrial = terrestre, *adj.*
text message = SMS, *n.m.*
thank, to = remercier, *v.t.*
thank you = merci, *adv.*
that = ça, cela, *pron.*
(followed by noun) = ce (+ *n.m.*), cet (+ *n.m.* beginning with vowel), cette (+ *n.f.*)
that one = celui-là, celle-là
that way = par là, *adv.*
that's it! = ça y est!
the (masc.) = le, *def.art.*
the (fem.) = la, *def.art.*
the (pl.) = les, *def.art.*
theatre = théâtre, *n.m.*
theatre seat = fauteuil, *n.m.*
their = leur (*pl.* leurs), *adj.*
theirs = le leur, la leur, les leurs, *pron.* (*m., f., m. and f.pl.*)
then = puis, *adv.*
there = là, *adv.*
there (in/to that place) = y, *adv.*
there is, there are (when pointing) = voilà
there is/are = il y a
there isn't, there aren't = il n'y a pas
there was, there were = il y avait
there you are! = voilà, *adv.*
these = ces (*dem. adj.*), ceux-ci, celles-ci (*dem. pron.*)
they = ils, elles, *pron.*
thin, slim = mince, *adj.*
thing = chose, *n.f.*
think, to = penser, *v.i.*
to think (carefully) = réfléchir, *v.i.*
thirsty, to be = avoir soif
thirteen = treize
thirty = trente
this (+ noun) = ce (*m.*), cet (*m.* + vowel), cette (*f.*)
this one = celui-ci, celle-ci
this way = par ici, *adv.*
three = trois
thriller = polar, *n.m.*
throat = gorge, *n.f.*
through = par, *prep.*
throw, to = lancer, *v.t.*
to throw away = jeter, *v.t.*
Thursday = jeudi, *n.m.*
tick a box, to = cocher une case, *v.t.*
ticket = billet, *n.m.*, ticket, *n.m.*
till, counter = guichet, *n.m.*
tidy, to = ranger, *v.t.*
tie = cravate, *n.f.*
tights = collant, *n.m.*
tiling = carrelage, *n.m.*
time (occasion) = fois, *n.f.*
time (period) = temps, *n.m.*
on time = à temps, *adv.*
what time is it? = quelle heure est-il?
at what time? = à quelle heure?
to have a good time = s'amuser, *v.r.*
timetable (of trains etc.) = horaire, *n.m.*
timetable (school) = emploi du temps, *n.m.*
tired = fatigué(e), *adj.*
to = à, *prep.*
to the = au, à l', à la, aux, *prep.*
to my house = chez moi, *prep.*
to your house = chez toi/vous, *prep.*

to (+ fem. country) = en (e.g. en France)
to (+ masc. country) = au (e.g. au Japon)
toast, a slice of = toast *n.m.*
toasted ham and cheese sandwich = croque-monsieur, *n.m.*
today = aujourd'hui, *adv.*
together = ensemble, *adv.*
tomato = tomate, *n.f.*
tomorrow = demain, *adv.*
too = aussi, *adv.*
too bad = tant pis
too much = trop, *adv.*
too much, too many = trop de
tooth = dent, *n.f.*
toothbrush = brosse à dents, *n.f.*
toothpaste = dentifrice, *n.m.*
tortoise = tortue, *n.f.*
tourism = tourisme, *n.m.*
tourist = touriste, *n.m./f.*
tourist office = office de tourisme, *n.m.*, syndicat d'initiative, *n.m.*
towards = vers, *prep.*
towel = serviette, *n.f.*
town = ville, *n.f.*
town centre = centre-ville, *n.m.*
town hall = hôtel de ville, *n.m.*
traffic = circulation, *n.f.*
traffic jam = bouchon, *n.m.*
traffic lights = feux, *n.m.pl.*
train = train, *n.m.*
train station = gare, *n.f.*
train (practise), to = s'entraîner, *v.r.*
trainers = baskets, *n.m.pl.*, tennis, *n.m.pl.*
translate, to = traduire (*irreg. like* conduire, *past participle* traduit), *v.t.*
travel, to = voyager, *v.i.*
traveller = voyageur, *n.m.*
tree = arbre, *n.m.*
trip (short) = excursion, *n.f.*
trip (long) = voyage, *n.m.*
trolley = chariot, *n.m.*
trouble = peine, *n.f.*
trousers (pair of) = pantalon, *n.m.*
true = vrai(e), *adj.*
try, try on, to = essayer *v.t./v.i.*
to try to (do) = essayer de (+ infin.)
t-shirt = t-shirt, *n.m.*
Tuesday = mardi, *n.m.*
on Tuesday = mardi
on Tuesdays = le mardi, *adv.*
tulip = tulipe, *n.f.*
turn = tourner, *v.t./v.i.*
to turn back = retourner, *v.i.*
to turn off (electrical appliances) = éteindre, *v.t.*
to turn off a tap = fermer un robinet
to turn on a tap = ouvrir un robinet
it's your turn to … = à toi de (+ infin.)
twelve = douze
twenty = vingt
two = deux
type = genre, *n.m.*

U

um ... (hesitating) = ben ...
uncle = oncle, *n.m.*
under = sous, *prep.*
underground train = métro, *n.m.*
underhand = sournois, *adj.*
underpants (pair of) = slip, *n.m.*
understand, to = comprendre (*irreg.*, *past participle* compris), *v.t.*
undress (get undressed), to = se déshabiller, *v.r.*
unfashionable = démodé, *adj.*
unfortunately = malheureusement, *adv.*
unfurl (a sail), to = déferler, *v.t.*
unhappy = malheureux (*f.* malheureuse), *adj.*
uniform = uniforme, *n.m.*
school uniform = uniforme scolaire, *n.m.*
uniquely = uniquement, *adv.*
unit = unité, *n.f.*
unite, to = réunir, *v.t.*
university = université, *n.f.*
unjumble, to = déchiffrer, *v.t.*
unpleasant = désagreable, *adj.*
until = jusqu'à, *prep.*
upstairs = en haut, *adv.*

USA = Etats-Unis, *n.m.pl.*
in/to the USA = aux Etats-Unis
use, to = employer, *v.t.*
useful = utile, *adj.*
useless = (of a thing) inutile, (of a person) nul(le), *adj.*
useless at = nul(le) en
user-name (ICT) = nom d' utilisateur, *n.m.*
usually = d'habitude, *adv.*

V

validate (e.g. train ticket), to = composter, *v.t*
valley = vallée, *n.f.*
vegetable = légume, *n.m.*
verb = verbe, *n.m.*
very = très, *adv.*
video, to = filmer, *v.t.*
view = vue, *n.f.*
village = village, *n.m.*
violet (colour) = violet(te), *adj.*
violin = violon, *n.m.*
visit, to = visiter, *v.t.*
to visit (someone) = aller voir, *v.t.*
vital = indispensable, *adj.*
vocabulary = vocabulaire, *n.m.*
voice = voix, *n.f.*
volleyball = volley, *n.m.*

W

waffle = gaufre, *n.f.*
wait for, to = attendre, *v.t.*
waiting room = salle d'attente, *n.f.*
wake, to = réveiller, *v.t.*
to wake up = se réveiller, *v.r.*
walk, to = (to go on foot) marcher, *v.i.*
to go for a walk = se promener, *v.r.,* faire une promenade, *v.i.*
to walk the dog = promener le chien
wall = mur, *n.m.*
wallet = porte-feuille, *n.m.*
want, to = désirer, *v.t.*, vouloir (*irreg., past participle* voulu), *v.t.*
wardrobe = armoire, *n.f.*
warm = chaud(e), *adj.*
wash, to = laver, *v.t.*
to get washed = se laver, *v.r.*
wash-basin = lavabo, *n.m.*
washing machine = lave-linge, *n.m.*
washing-up = vaisselle, *n.f.*
waste, rubbish = ordures, *n.f.pl.*
waste, to = gaspiller, *v.t.*
watch, to = regarder, *v.t.*
water = eau, *n.f.*
water sports = sports nautiques, *n.m.pl.*
water skiing = ski nautique, *n.m.*
water, to = arroser, *v.t.*
way (path) = chemin, *n.m.*
to ask the way = demander le chemin
way (of doing) = façon, *n.f.*
way in = entrée, *n.f.*
we = nous, *pron.*
weak (at) = faible (en), *adj.*
wear, to = porter, *v.t.*
weather = temps, *n.m.*
the weather is fine = il fait beau
weather forecast = météo, *n.f.*
Wednesday = mercredi, *n.m.*
weed = mauvaise herbe, *n.f.*
week = semaine, *n.f.*
weekend = week-end, *n.m.*
weigh, to = peser, *v.t./v.i.*
weighing scales = balance, *n.f.*
welcome, to = accueillir (*irreg., past participle* accueilli), *v.t.*
well = bien, *adv.*
well done! = bravo!
well then, at last = enfin, *adv.*
well-behaved = sage, *adj.*
west = ouest, *n.m.*
wet, damp, humid = humide, *adj.*
what = quel(le), *adj.*
what? = qu'est-ce que? *pron.interrog.*
when = quand, *adv.*
where = où, *adv.*
which (*subj.*) = qui, *pron.rel.*
which (*obj.*) = que (qu'), *pron.rel.*
which one(s) = lequel, laquelle, lesquel(le)s
while = pendant que, *conj.*

white = blanc(he), *adj.*
who (*subj.*) = qui, *pron.rel.*
who(m) (*obj.*) = que, qu', *pron.rel.*
who? = qui? *pron.interrog.*
whole = entier (*f.* entière), *adj.*
why = pourquoi, *adv.*
wide = large, *adj.*
wife = femme, *n.f.*
wild = sauvage, *adj.*
win, to = gagner, *v.t.*
wind = vent, *n.m.*
it's windy = il y a du vent, il fait du vent
window = fenêtre, *n.f.*
window (shop display) = vitrine, *n.f.*
windowsill = bord de la fenêtre, *n.m.*
wine = vin, *n.m.*
winter = hiver, *n.m.*
wipe off, delete (ICT), to = effacer, *v.t.*
with = avec, *prep.*
with best wishes (on letter) = amicalement, *adv.*
withdraw, to = retirer, *v.t.*
without = sans, *prep.*
witness = témoin, *n.m.*
woman = femme, *n.f.*
wonderful = formidable, *adj.*, sublime, *adj.*
wood = bois, *n.m.*
word = mot, *n.m.*
work, to = travailler, *v.i.*
to work (of machinery) = marcher, *v.i.*
work = travail (*pl.* travaux), *n.m.*
worker (labourer) = ouvrier, (ière), *n.m./f.*
world = monde, *n.m.*
worse = pire, *adj.*, moins bien, *adv.*
wristwatch = montre, *n.f.*
write, to = écrire (*irreg., past participle* écrit), *v.t.*
write soon! (on letter) = écris-moi vite!
wrong (untrue) = faux (*f.* fausse), *adj.*
wrong, to be = avoir tort

Y

year = an, *n.m.* , année, *n.f.*
the school year = l'année scolaire, *n.f.*
in year 12 = en première, *adv.*
in year 8 = en sixième, *adv.*
yellow = jaune, *adj.*
yes = oui
yes! (in disagreement) = si!
yesterday = hier, *adv.*
yogurt = yaourt, *n.m.*
you = tu, toi, (*pl.* or polite form) vous, *pron.*
you're welcome = de rien, *adv.*
young = jeune, *adj.*
younger, youngest = cadet(te), *adj.*
your = ton (*f.* ta, *pl.* tes), *adj.*
yours = le tien, la tienne, les tiennes, *pron.* (*m., f., m.* and *f.pl.*)
yours = le vôtre, la vôtre, les vôtres, *pron.* (*m., f., m.* and *f.pl.*)
youth (16 to 20 year-old) = jeune, *n.m.*
youth (abstract noun) = jeunesse, *n.f.*
youth hostel = auberge de jeunesse, *n.f.*

Z

zero = zéro, *n.m.*
zoo = zoo, *n.m.*

Vocabulaire: français-anglais

* Ces verbes sont conjugués avec être

A

à, *prep.* = to, at
- à 3 km, *adv.* = 3 km away
- à bientôt! = see you soon!
- à côté de, *prep.* = beside, next to
- à pied, *adv.* = on foot
- à toi de ... = it's your turn to ...

abonnement, *n.m.* = subscription
absent(e), *adj.* = absent
absolument, *adv.* = absolutely
accompagner, *v.t.* = to accompany
accueillir, *v.t.* (*irreg., past participle* accueilli) = to welcome
acheter, *v.t.* = to buy
actif (*f.* active), *adj.* = active
activité, *n.f.* = activity
actualités, *n.f.pl.* = news (television or radio)
addition, *n.f.* = bill (at end of meal)
adjectif, *n.m.* = adjective
admis(e), *adj.* = admitted
adolescent(e), *n.m./f.* = teenager
adopté(e), *adj.* = adopted
adorer, *v.t.* = to love
adresse, *n.f.* = address
aéroport, *n.m.* = airport
affaires, *n.f.pl.* = belongings, 'things'
affiche, *n.f.* = poster, notice
afficher, *v.t.* = to put up, post (on a board)
affirmatif (*f.* affirmative), *adj.* = positive
affreux(euse), *adj.* = frightful, awful
afin de = in order to
âge, *n.m.* = age
agenda, *n.m.* = diary
agent (de police), *n.m.* = policeman
agité(e), *adj.* = rough
agneau, *n.m.* = lamb
agréable, *adj.* = nice, pleasant
aider, *v.t.* = to help
ail, *n.m.* = garlic
ailleurs, *adv.* = elsewhere
aimable, *adj.* = nice, kind
aimer, *v.t.* = to like
aîné(e), *adj.* = elder, older, eldest, oldest
ainsi, *adv.* = in this way, thus
- ainsi que = as well as

ajouter, *v.t.* = to add
algérien(ne), *adj.* = Algerian
alimentation, *n.f.* = everyday necessities
allées et venues, *n.f.pl.* = comings and goings
Allemagne, *n.f.* = Germany
allemand(e), *adj.* = German
allemand, *n.m.* = German (language)
aller*, *v.i.* (*irreg., past participle* allé) = to go
- aller à la messe, *v.i.*. = to go to church
- aller à la pêche, *v.i.*. = to go fishing
- aller voir, *v.t.* = to visit (someone)

aller-retour, *n.m.* = return ticket
aller simple, *n.m.* = one-way ticket
allô = hello (excl./on the telephone)
allumer, *v.t.* = to light, turn on (electric appliances)
alors = so, right then!
Alpes, *n.f.pl.* = Alps
alpinisme, *n.m.* = mountain climbing
ambiance, *n.f.* = atmosphere
ambulance, *n.f.* = ambulance
aménager, *v.t.* = to furnish, equip
ami(e), *n.m./f.* = friend
amicalement, *adv.* = with best wishes (on letter)
amitiés, *n.f.pl.* = with best wishes (on letter)
ampoule, *n.f.* = light bulb
amusant(e), *adj.* = amusing
an, *n.m.* = year
ancien (*f.* ancienne), *adj.* = old, former
andorran (ne), *adj.* = Andoran
âne, *n.m.* = donkey
anglais, *n.m.* = English (language)
anglais(e), *adj.* = English
Anglais(e) *n.m/f.* = English person
Angleterre, *n.f.* = England

animal (*pl.* animaux), *n.m.* = animal
anniversaire, *n.m.* = birthday
annonce, *n.f.* = advertisement
août, *n.m.* = August
appareil-photo, *n.m.* = camera
appartement, *n.m.* = flat, apartment
appartenir, *v.i.* (*irreg.*, *past participle* appartenu) = to belong
appeler, *v.t.* = to call
apporter, *v.t.* = to bring
apprendre, *v.t.* (*irreg. like* prendre, *past participle* appris) = to learn
après, *prep.* = after
après-midi, *n.m.* = afternoon
araignée, *n.f.* = spider
arbre, *n.m.* = tree
  arbre généalogique, *n.m.* = family tree
archi- = extremely (+ *adj.*)
argent, *n.m.* = money, silver
  en argent = (made of) silver
armoire, *n.f.* = wardrobe
arracher, *v.t.* = to tear up, pull up
arrêt de bus, *n.m.* = bus stop
arrêter, *v.t.* = to stop
arrivée, *n.f.* = arrival
arriver*, *v.i.* = to arrive, happen
  arriver à, *v.i.* (+ *infin.*) = to manage to
arroser, *v.t.* = to water
artisan, *n.m.* = craftsman
ascenseur, *n.m.* = lift, elevator
asperges, *n.f.pl.* = asparagus
assez (+ *adj.*), *adv.* = quite …
  assez (de), *adv.* = enough
assieds-toi!/asseyez-vous! *v.i.* = sit down!
assiette, *n.f.* = plate
assuré(e), *adj.* = guaranteed
attendre, *v.t.* = to wait for
attention, *n.f.* = attention
au (*pl.* aux) = to the, at the
  au fait = in fact
  au lieu de = instead of
  au moins, *adv.* = at least
  au revoir! = goodbye!
au-delà de, *prep.* = beyond
au-dessous, *adv.* = below
  au-dessous de, *prep.* = below
au-dessus, *adv.* = above
  au-dessus de, *prep.* = above
auberge de jeunesse, *n.f.* = youth hostel
aucun(e), *adj.* = no (i.e. not a single...)
aujourd'hui, *adv.* = today
auparavant, *adv.* = beforehand
aussi, *adv.* = also, too
auto, *n.f.* = car
autobus, *n.m.* = bus
automne, *n.m.* = autumn
autre, *adj.* = other
  autre chose, *n.f.* = something else
avant, *prep.* = before
  avant de (+ *infin.*) = before …ing
  d'avant-guerre, *adj. inv.* = pre-war
avec, *prep.* = with
averse, *n.f.* = shower (rain)
avion, *n.m.* = aeroplane
avis, à mon = opinion, in my
avoir, *v.t.* (*irreg.*, *past participle* eu) = to have
  avoir besoin de = to need
  avoir chaud = to be hot
  avoir faim = to be hungry
  avoir horreur de = to hate, detest
  avoir l'air de = to seem, look
  avoir le droit de (+ *infin.*) = to be allowed to, have the right to
  avoir lieu = to take place
  avoir peur = to be afraid
  avoir raison = to be right
  avoir soif = to be thirsty
  avoir tort = to be wrong
avouer, *v.t.* = to admit
avril, *n.m.* = April

B

bac (baccalauréat), *n.m.* = exam, equivalent of A levels
bagages, *n.m.pl.* = luggage
baguette, *n.f.* = French loaf

baignoire, *n.f.* = bath
bain, *n.m.* = bath
balance, *n.f.* = weighing scales
balcon, *n.m.* = balcony
banane, *n.f.* = banana
bande dessinée, *n.f.* = strip cartoon
banlieue, *n.f.* = suburbs
banque, *n.f.* = bank
bas(se), *adj.* = low
  en bas, *adv.* = downstairs, down below
basket, *n.m.* = basketball
baskets, *n.m.pl.* = trainers
basse-cour, *n.f.* = farmyard
bateau, *n.m.* = boat
bâtiment, *n.m.* = building
bâton, *n.m.* = stick
  bâton de ski, *n.m.* = ski pole
bavarder, *v.i.* = to chat
bavard(e), *adj.* = chatty, talkative
beau (*m.* before a vowel **bel**, *f.* **belle**), *adj.* = handsome, beautiful
  beau-frère, *n.m.* = brother-in-law
  beau-père, *n.m.* = father-in-law, step-father
beaucoup (de) *adv.* = a lot (of), many, lots of
bébé, *n.m.* = baby
belge, *adj.*= Belgian
Belge, *n.m./f.* = Belgian (person)
Belgique, *n.f.* = Belgium
belle, *f.adj.* (see **beau**) = beautiful
  belle-fille, *n.f.* = daughter-in-law
  belle-mère, *n.f.* = mother-in-law, step-mother
  belle-sœur, *n.f.* = sister-in-law
ben ... = um ... (hesitating)
bête, *adj.* = silly
bête, *n.f.* = animal
beurre, *n.m.* = butter
bibliothèque, *n.f.* = library, bookcase
bicyclette, *n.f.* = bicycle
bien, *adv.* = well
  bien sûr = of course
bientôt, *adv.* = soon
bière, *n.f.* = beer
bijoutier, *n.m.* = jeweller
billet, *n.m.* = ticket
biologie, *n.f.* = biology
bises, *n.f.pl.* = love from (literally, kisses)
blanc(he), *adj.* = white
bleu(e), *adj.* = blue
blond(e), *adj.* = blonde, fair
blouson, *n.m.* = short jacket
bœuf, *n.m.* = beef
boire, *v.t.* (*irreg., past participle* **bu**) = to drink
bois, *n.m.* = wood
boisson, *n.f.* = drink
boîte, *n.f.* = box, night-club
  boîte aux lettres, *n.f.* = letter box
bol, *n.m.* = bowl
bon(ne), *adj.* = good, right, correct
  bon marché, *adj.inv.* = cheap
  de bonne heure, *adv.* = early
bonbon, *n.m.* = sweet
bondé(e), *adj.* = crowded
bonjour = hello
bonsoir = good evening
bord de la fenêtre, *n.m.* = windowsill
bottes, *n.f.pl.* = boots
bouche, *n.f.* = mouth
boucherie, *n.f.* = butcher's shop
bouchon, *n.m.* = cork (in a bottle); traffic jam
boucle d'oreille, *n.f.* = earring
bouclé(e), *adj.* = curly
boue, *n.f.* = mud
boulanger, *n.m.* = baker
boulangerie, *n.f.* = baker's shop
boules, *n.f.pl.* = boules
boum, *n.f.* = party
bouquin (*slang*), *n.m.* = book
bout, *n.m.* = end
  au bout de = at the end of
bouteille, *n f.* = bottle
boutique, *n.f.* = shop
bracelet, *n.m.* = bracelet
branchement, *n.m.* = connection
bras, *n.m.* = arm
bravo! = well done!
briser, *v.t.* = to break (e.g. glass)

bronzé(e), *adj.* = tanned
brosse à dents, *n.f.* = toothbrush
brouillard, *n.m.* = fog
bruit, *n.m.* = noise
brumatiseur, *n.m.* = mist spray/atomiser
brun(e), *adj.* = brown
bruyant(e), *adj.* = noisy
bu: past participle of **boire**
bulbe, *n.m.* = bulb (e.g. of a tulip)
bureau, *n.m.* = office, large desk
but, *n.m.* = goal

C

c'est = it is
ça, *pron.* = this, that
  ça alors! = good grief! well, I never!
  ça va = it's OK, I'm fine etc.
  ça va? = are you OK/how are you?
  ça y est! = that's it! that's done!
cabine (téléphonique), *n.f.* = phone box
cabinet, *n.m.* = surgery
cadeau (*pl.* **cadeaux**), *n.m.* = present, gift
cadet(te), *adj.* = younger, youngest =
café, *n.m.* = coffee, café (bar)
cafetière, *n.f.* = coffee pot
cahier, *n.m.* = exercise book
caisse, *n.f.* = check-out, till, case
calcul, *n.m.* = arithmetic
calculatrice, *n.f.* = calculator
calme, *adj.* = quiet, calm
cambrioleur, *n.m.* = burglar
campagne, *n.f.* = country(side)
camping, *n.m.* = camping, campsite
canadien(ne), *adj.* = Canadian
canapé, *n.f.* = sofa
canicule, *n.f.* = heatwave
cantine, *n.f.* = (school) dining room
car, *conj.* = for
car, *n.m.* = coach
carafe, *n.f.* = jug
caravane, *n.f.* = caravan
carnet, *n.m.* = note-book, book of tickets
carotte, *n.f.* = carrot
carré(e), *adj.* = square
carrefour, *n.m.* = crossroads
carrelage, *n.m.* = tiling
carrosserie, *n.f.* = bodywork (of a car)
cartable, *n.m.* = school bag
carte, *n.f.* = card, menu, map
  carte postale, *n.f.* = postcard
cartouche, *n.f.* = cartridge
case, *n.f.* = box (to tick on a form)
casier, *n.m.* = locker
casquette, *n.f.* = cap
casserole, *n.f.* = saucepan
cassette, *n.f.* = cassette
cathédrale, *n.f.* = cathedral
caution, *n.f.* = deposit
cave, *n.f.* = cellar
CD, *n.m.* = CD
ce, **cet** (*m.* + vowel), (*f.* **cette**), (*pl.* **ces**), *adj. demonstr.* = this, that (+ noun)
ceinture, *n.f.* = belt
célibataire, *n.m./f.* = single, unmarried
celui-ci (*f.* **celle-ci**) = this (one)
celui-là (*f.* **celle-là**) = that (one)
ceux-ci (*f.* **celles-ci**) = these (ones)
ceux-là (*f.* **celles-là**) = those (ones)
cent, *adj./n.m.* = hundred
centime, *n.m.* = cent
centimètre, *n.m.* = centimetre (1 cm)
centre commercial, *n.m.* = shopping centre
centre sportif, *n.m.* = sports centre
centre-ville, *n.m.* = town centre
céréales, *n.f.pl.* = breakfast cereal
chacun(e), *pron.* = each one
chaîne, *n.f.* = *t.v.* channel; chain; range of mountains
chaise, *n.f.* = chair
chaleur, *n.f.* = heat
chambre, *n.f.* = bedroom
champ, *n.m.* = field
champignon, *n.m.* = mushroom
changer (de), *v.i.* = to change (something)
chanson, *n.f.* = song
  chanson française, *n.f.* = traditional French songs

chanter, *v.t.* = to sing
chapeau (*pl.* chapeaux), *n.m.* = hat
chapelle, *n.f.* = chapel
chapitre, *n.m.* = chapter
chaque, *adj.* = each
char à voile, *n.m.* = sand-yacht(ing)
charcuterie, *n.f.* = deli
chariot, *n.m.* = trolley (shopping)
chat, *n.m.* = cat
châtain, *adj.inv.* = mid-brown (hair)
château, *n.m.* = castle, chateau
  château de sable, *n.m.* = sand castle
chaton, *n.m.* = kitten
chaud(e), *adj.* = hot
chaussette, *n.f.* = sock
chaussure, *n.f.* = shoe
  chaussure de ski, *n.f.* = ski boot
chauve, *adj.* = bald
chemin, *n.m.* = way/path
chemise, *n.f.* = shirt
chemisier, *n.m.* = blouse
cher (*f.* chère), *adj.* = dear, expensive
chercher, *v.t.* = to look for, fetch
chéri(e), *n.m./f.* = darling
cheval (*pl.* chevaux), *n.m.* = horse
cheveux, *n.m.pl.* = hair
chèvre, *n.f.* = goat
chez (moi, toi, Paul, etc.), *prep.* = to/at the house/shop of ...
chic, *adj.inv.* = smart, trendy
chien, *n.m.* = dog
chiffre, *n.m.* = number, figure, statistic
chimie, *n.f.* = chemistry
chiot, *n.m.* = puppy
chips, *n.m.pl.* = crisps
chocolat, *n.m.* = chocolate
chœur, *n.m.* = choir
choisir, *v.t.* = to choose
choix, *n.m.* = choice
chorale, *n.f.* = choir
chose, *n.f.* = thing
chouette! = brilliant!
cinéma, *n.m.* = cinema
cinq = five
cinquième = fifth
  en cinquième = in year 8
cinquante = fifty
citron, *n.m.* = lemon
clair(e), *adj.* = light (colour)
classe, *n.f.* = class
classique, *adj.* = classic(al)
clavier, *n.m.* = keyboard
climat, *n.m.* = climate
cliquer sur, *v.t.* = to click on (ICT)
club, *n.m.* = club
coca, *n.m.* = coca-cola
cocher une case, *v.t.* = to tick/cross a box
cochon d'Inde, *n.m.* = guinea-pig
code postal, *n.m.* = post code
cœur, *n.m.* = heart
coffre, *n.m.* = the boot (of a car)
coin, *n.m.* = corner
collant, *n.m.* = tights
collectionner, *v.t.* = to collect (as a hobby)
collège, *n.m.* = school (secondary)
coller, *v.t.* = to stick
colline, *n.f.* = hill
combien, *adv.* = how much, how many
  combien (de)?, *adv. interrog.* = how many? how much?
commander, *v.t.* = to order
comme, *adv.* = as, like
commencer, *v.t.* = to begin
comment, *adv.* = how
comment?, *adv.interrog.* = how?
commissaire, *n.m.* = chief inspector
commode, *n.f.* = chest of drawers
compléter, *v.t.* = to complete
compliqué(e), *adj.* = complicated
composer, *v.t.*, un code secret = to enter a PIN number
composter, *v.t.* = to validate (date-stamp)
comprendre, *v.t.* (*irreg., past participle* compris) = to understand
comprimé, *n.m.* = pill, tablet
comptable, *n.m.* = accountant

compter, *v.t.* = to count
concert, *n.m.* = concert
concevoir, *v.t.* (*irreg., past participle* **conçu**) = to plan
conçu: past participle of **concevoir**
conduire, *v.t.* (*irreg., past participle* **conduit**) = to drive
confirmer, *v.t.* = to confirm
confiture, *n.f.* = jam (food)
confortable, *adj.* = comfortable
congélateur, *n.m.* = freezer
connaître, *v.t.* (*irreg., past participle* **connu**) = to know
consigne (automatique), *n.f.* = left-luggage lockers
construire, *v.t.* (*irreg., past participle* **construit**) = to build, construct
content(e), *adj.* = happy
continuer, *v.i.* = to continue
contraire, *n.m.* = opposite
cool, *adj.* = cool (slang)
copain, *n.m.* = (boy)friend
copier, *v.t.* = to copy
copine, *n.f.* = (girl)friend
corde, *n.f.* = string
correct(e), *adj.* = correct
correspondance, *n.f.* = change of trains; connection
correspondant(e), *n.m./f.* = pen friend
corriger, *v.t.* = to correct
corrigés, *n.m.pl.* = corrections (to school work)
costaud(e), *adj.* = stocky
costume, *n.m.* = suit, outfit
côte, *n.f.* = coast
  côte de porc, *n.f.* = pork chop
côté, *n.m.* = edge, side
côtelette, *n.f.* = chop
coton, *n.m.* = cotton
  en coton = (made of) cotton
couche, *n.f.* = layer
coucher, *v.t.* = to sleep (spend the night)
couette, *n.f.* = duvet
couler, *v.t.* = to flow
couloir, *n.m.* = corridor
couper, *v.t.* = to cut
cour, *n.f.* = courtyard, playground
courrier, *n.m.* = post, mail, letters
courrier électronique, *n.m.* = e-mail
cours, *n.m.* = lesson
cours particulier, *n.m.* = one-to-one private lesson
court(e), *adj.* = short
cousin(e), *n.m./f.* = cousin
couteau (*pl.* **couteaux**), *n.m.* = knife
coûter, *v.t.* = to cost
couvert(e), *adj.* = overcast
couverture, *n.f.* = cover, blanket
couvrir, *v.t.* (*irreg., past participle* **couvert**) = to cover
cratère, *n.m.* = crater
cravate, *n.f.* = tie
crayon, *n.m.* = pencil
créer, *v.t.* = to create
crème, *n.f.* = cream
crème, *n.m.* = milky coffee
crêpe, *n.f.* = pancake
creuser, *v.t.* = to dig
croire, *v.t.* (*irreg., past participle* **cru**) = to believe
croissant, *n.m.* = croissant
croque-monsieur, *n.m.* = toasted ham and cheese
croûte, *n.f.* = crust
croûte, en *adj.* = cooked in a pastry casing
cru: past participle of **croire**
crudités, *n.f.* = raw vegetable salad
crypté(e), *adj.* = encrypted
cuillère, *n.f.* = spoon
cuir, *n.m.* = leather
  en cuir = (made of) leather
cuisine, *n.f.* = kitchen, style of cooking
cuisinier, *n.m.* = cook
cuisinière, *n.f.* = cook, cooker
  cuisinière à gaz = gas cooker
culture, *n.f.* = knowledge
cyclisme, *n.m.* = cycling

D

d'abord, *adv.* = first of all
d'accord = agreed, ok
d'habitude, *adv.* = usually
dangereux(euse), *adj.* = dangerous
dans, *prep.* = in, into
danser, *v.i.* = to dance
date, *n.f.* = date
davantage, *adv.* = more
de, *prep.* = of, from, belonging to
  de rien = you're welcome
  de taille moyenne = of medium build/height
débarrasser, *v.t.* = to clear,
débarrasser la table = to clear the table
début, *n.m.* = beginning
débutant(e), *n.m./f.* = beginner
décembre, *n.m.* = December
déchets, *n.m.pl.* = rubbish
déchiffrer, *v.t.* = to unjumble
décodeur, *n.m.* = decoder
décor, *n.m.* = decoration
découper, *v.t.* = to cut out
découverte, *n.f.* = discovery
découvrir, *v.t.* (*irreg. like* **couvrir**, *past participle* **découvert**) = to discover
décrire, *v.t.* (*irreg. like* **écrire**, *past participle* **décrit**) = to describe
déferler, *v.t.* = to unfurl (a sail)
défi, *n.m.* = challenge
degré, *n.m.* = degree (of heat etc.)
dehors, *adv.* = outside
déjà, *adv.* = already
déjeuner, *n.m.* = lunch
délicieux(euse), *adj.* = delicious
demain, *adv.* = tomorrow
demander, *v.t.* = to ask (for)
demi(e), *adj.* = half
  demi-frère, *n.m.* = half-/step-brother
  demi-sœur, *n.f.* = half-/step-sister
démodé(e), *adj.* = unfashionable
dénicher, *v.t.* = to unearth, dig out
dépendre (de), *v.i.* = to depend (on)
dépenser, *v.t.* = to spend (money)
dépliant, *n.m.* = leaflet
depuis, *prep./adv.* = since, for (the time that something has been the case)
dériveur, *n.m.* = dinghy
dernier(ière), *adj.* = last
derrière, *prep.* = behind
dès, *prep.* = from, starting at, as from
des = some, of the, from the
désagréable, *adj.* = disagreeable, unpleasant
descendre*, *v.t./v.i.* = to bring/go down(stairs)
description, *n.f.* = description
déshabiller, *v.t.* = to undress
désirer, *v.t.* = to want
désolé(e), *adj.* = sorry
dessert, *n.m.* = dessert
dessin, *n.m.* = art (school subject), drawing
dessin animé, *n.m.* = animation, (film) cartoon
dessiner, *v.t.* = to draw (a picture)
dessous, *adv.* = below
dessus, *adv.* = above
destination, *n.f.* = destination
détester, *v.t.* = to hate
détruire, *v.t.* (*irreg. like* **conduire**, *past participle* **détruit**) = to destroy
deux = two
devant, *prep.* = in front of
deviner, *v.t.* = to guess
devoir, *v.i.* (*irreg.*, *past participle* **dû**) = to have to (must)
devoir, *n.m.* = homework task, duty
devoirs, *n.m.pl.* = homework, prep
dialogue, *n.m.* = dialogue
dictionnaire, *n.m.* = dictionary
différence, *n.f.* = difference
différent(e), *adj.* = different
difficile, *adj.* = difficult
dimanche, *n.m.* = Sunday
dîner, *n.m.* = evening meal
dingue, *adj.* = crazy
dire, *v.t.* (*irreg.*, *past participle* **dit**) = to say, tell
direct(e), *adj.* = non-stop
directeur, *n.m.* = headmaster
direction, *n.f.* = direction

directrice, *n.f.* = headmistress
diriger, *v.t.* = to direct
discothèque, *n.f.* = disco
discuter, *v.t./v.i.* = to discuss, chat
disque, *n.m.* = disc, CD, CD Rom
  disque dur, *n.m.* = hard disk
disquette, *n.f.* = floppy disk
distraction, *n.f.* = something to do, activity
distribuer, *v.t.* = to distribute
divorcé(e), *adj.* = divorced
dix = ten
dix-huit = eighteen
dix-neuf = nineteen
dix-sept = seventeen
documentaire, *n.m.* = documentary
doigt, *n.m.* = finger
dommage!, *n.m.* = shame!
donc, *conj.* = so, therefore
donner, *v.t.* = to give
  donner à manger (au chat), *v.t.* = to feed (the cat)
  donner un coup de main, *v.t.* = to give a (helping) hand
  donner sur, *v.t.* = to look out onto
dormir, *v.i.* (*irreg., past participle* **dormi**) = to sleep
dos, *n.m.* = back
douane, *n.f.* = customs
douche, *n.f.* = shower (in bathroom)
doux (*f.* **douce**), *adj.* = quiet, gentle, soft
douzaine, *n.f.* = dozen
douze = twelve
droit(e), *adj.* = right
droite, *n.f.* = right-hand side
drôle, *adj.* = funny
du, *prep.* = of the, from the
dû: past participle of **devoir**
dur(e), *adj.* = hard
durer, *v.i.* = to last
dynamique, *adj.* = dynamic

E

eau, *n.f.* = water
  eau gazeuse, *n.f.* = sparkling water
  eau minérale, *n.f.* = mineral water
  eau plate, *n.f.* = still water
échange, *n.m.* = exchange
échappement, *n.m* = car exhaust
écharpe, *n.f.* = scarf (long)
échecs, *n.m.pl.* = chess
éclair, *n.m.* = a lightning flash
éclaircie, *n.f.* = sunny spell
école, *n.f.* = school
économiser, *v.i.* = to save (money)
écouter, *v.t.* = to listen (to)
écran, *n.m.* = screen
écrire, *v.t.* (*irreg., past participle* **écrit**) = to write
écris-moi vite! = write soon! (on letter)
écurie, *n.f.* = stable
éducation, *n.f.* = education
  éducation civique, *n.f.* = social studies
effacer, *v.t.* = to wipe off, delete (ICT)
effet de serre, *n.m.* = greenhouse effect
égal(e), *adj.* = equal; the same
église, *n.f.* = church
électroménager, *adj.* = electrical (of appliances)
élève, *n.m./f.* = pupil
elle, *pron.f.* = she, it
elles, *pron.f.pl.* = they
embêter, *v.t.* = to irritate
émission, *n.f.* = programme on TV, broadcast
emmener, *v.t.* = to take (someone somewhere)
emplacement, *n.m.* = pitch (for a tent or caravan)
emploi du temps, *n.m.* = timetable
employé(e), *n.m./f.* = employee, office worker
employer, *v.t.* = to use
emporter, *v.t.* = to take away
emprunter, *v.t.* = to borrow, use
en, *pron.* = of it, of them
en, *prep.* = in, to, during, by (a means of transport)
  en argent *adj.*= made of silver
  en avance, *adv.* = in advance
  en face (de), *prep.* = opposite
  en même temps, *adv.* = at the same time
  en retard, *adv.* = late

enchanté(e), *adj.* = delighted
encore, *adv.* = again, still
  encore (du/de la/de l'/des) = more (of something)
  encore une fois, *adv.* = again, one more time
endroit, *n.m.* = place
énergie, *n.f.* = energy
enfant, *n.m./f.* = child
enfin, *adv.* = well then, at last
ennuyeux(euse), *adj.* = boring
énorme, *adj.* = huge
énormément, *adv.* = enormously
enrhumé(e), *adj.* = suffering from a cold
  être enrhumé(e) = to have a cold
ensemble, *adv.* = together
ensoleillé(e), *adj.* = sunny
entendre, *v.t.* = to hear
entier(ière), *adj.* = whole
entre, *prep.* = between
entrée, *n.f.* = entrance hall, way in
entrer*, *v.i.* = to enter, go in
enveloppe, *n.f.* = envelope
environ, *adv.* = roughly, about
environnement, *n.m.* = environment
environs, *n.m.pl.* = surrounding area
envoyer, *v.t.* = to send
éolien(ne), *adj.* = wind-powered
épicerie, *n.f.* = grocery
éplucher, *v.t.* = to peel
EPS = PE
équipe, *n.f.* = team
équitation, *n.f.* = horse-riding
erreur, *n.f.* = mistake
escalier, *n.m.* = staircase
espace, *n.m.* = space
Espagne, *n.f.* = Spain
espagnol(e), *adj.* = Spanish
espagnol, *n.m.* = Spanish (language)
espèces menacées, *n.f.* = endangered species
espérer, *v.i.* = to hope
essayer (de + *infin.*), *v.t./v.i.* = to try (to)
est, *n.m.* = east
estomac, *n.m.* = stomach
et, *conj.* = and
étage, *n.m.* = floor
étagère, *n.f.* = shelf
été, *n.m.* = summer
éteindre, *v.t.* (*irreg., past participle* éteint) = to turn off (electric appliances)
étonnant(e), *adj.* = astonishing
étranger (*f.* étrangère), *adj.* = foreign
  à l'étranger = abroad
être, *v.i.* (*irreg., past participle* été) = to be
étroit(e), *adj.* = narrow
étude, *n.f.* = study
études religieuses, *n.f.pl.* = religious studies
étudiant(e), *n.m./f.* = student
étudier, *v.t.* = to study
eu: past participle of avoir
euro, *n.m.* = euro
examen, *n.m.* = examination
excellent(e), *adj.* = excellent
exceptionnel(le), *adj.* = exceptional
excursion, *n.f.* = short trip
excuser, *v.t.* = to excuse
  excuse-moi! (*s. and familiar*) *imp.* = excuse me!
  excusez-moi! (*pl. and polite*) *imp.* = excuse me!
exemple, *n.m.* = example
exercice, *n.m.* = exercise
expérimenté(e), *adj.* = experienced
expliquer, *v.t./v.i.* = to explain
externe, *n.m./f.* = day pupil
extraordinaire, *adj.* = extraordinary
extrêmement, *adv.* = extremely (+ *adj.*)

F

face, en … de, *prep.* = opposite
facile, *adj.* = easy
façon, *n.f.* = way
fade, *adj.* = tasteless
faible, *adj.* = weak
faim, *n.f.* = hunger
faire, *v.t.* (*irreg., past participle* fait) = to do, make
  faire correspondre = to match up

faire de la natation = to go swimming
faire de la planche à voile = to go windsurfing
faire du canoë = to go canoing
faire du cheval = to go horse-riding
faire du cyclisme = to go cycling
faire du patin = to go skating
faire du roller = to go roller-skating
faire du skate = to go skate-boarding
faire du ski = to go skiing
faire du ski nautique = to go water-skiing
faire faire = to have something done or made
faire la cuisine = to do the cooking
faire la lessive = to do the washing
faire la vaisselle = to do the washing-up
faire le ménage = to do the housework
faire le tour (de ...) = to go around (something)
faire les courses = to do the shopping
faire son lit = to make one's bed,
faire une promenade = to go for a walk
faire venir = to send for
fait, *n.m.* = fact
falaise, *n.f.* = cliff
famille, *n.f.* = family
fanatique (de), *adj.* = very keen (on)
fascinant(e), *adj.* = fascinating
fatigué(e), *adj.* = tired
faut: il faut (+ *infin.*) = it is necessary (to)
faute, *n.f.* = mistake, fault
fauteuil, *n.m.* = armchair, theatre seat
faux (*f.* fausse), *adj.* = false
femme, *n.f.* = wife, woman
fenêtre, *n.f.* = window
fente, *n.f.* = slot
ferme, *n.f.* = farm
fermé(e), *adj.* = closed
fermer, *v.t.* = to close
fermer un robinet = to turn off a tap
fête, *n.f.* = celebration
fêter, *v.t.* = to celebrate
feu, *n.m.* = fire
feuille, *n.f.* = leaf
feuilleton, *n.m.* = soap (style of TV programme)
feutre, *n.m.* = felt-tip pen
feux, *n.m.pl.* = traffic lights
février, *n.m.* = February
fichier, *n.m.* = file (ICT)
fièvre, *n.f.* = temperature
fille, *n.f.* = daughter, girl
fillette, *n.f.* = little girl
film, *n.m.* = film
filmer, *v.t.* = to video
fils, *n.m.* = son
fin, *n.f.* = end
finir, *v.t.* = to finish
flotter, *v.i.* = to float
fois, *n.f.* = time (one occasion)
foncé(e), *adj.* = dark (colour)
fond, *n.m.* = bottom
au fond de = at the back of/bottom of
foot(ball), *n.m.* = football
force, *n.f.* = strength, power
forêt, *n.f.* = forest
forêt tropicale, *n.f.* = rainforest
formateur, *n.m.* = instructor
forme, *n.f.* = shape, figure
en forme = in good shape, fit
formidable, *adj.* = brilliant, wonderful
fort(e), *adj.* = strong
fort(e) en = good at
fou (*f.* folle) (de), *adj.* = mad (about)
foulard, *n.m.* = silk scarf
four à micro-ondes, *n.m.* = microwave oven
fourche, *n.f.* = fork (in a road/river)
fourchette, *n.f.* = fork (cutlery)
fraise, *n.f.* = strawberry
Français(e), *n.m./f.* = French person
français(e), *adj.* = French
français, *n.m.* = French (language)
français soutenu, *n.m.* = everyday 'standard' French
France, *n.f.* = France
franchir, *v.t.* = to cross (a line)
frère, *n.m.* = brother
frigo, *n.m.* = fridge
frisé(e) = frizzy

frites, *n.f.* = chips
froid(e), *adj.* = cold
froid, *n.m.* = cold
fromage, *n.m.* = cheese
fruit, *n.m.* = fruit, piece of fruit
    fruits de mer, *n.m.pl.* = seafood
fumer, *v.i./v.t.* = to smoke
fur et à mesure, au, *adv.* = as and when needed, as one goes along
fusée éclairante, *n.f.* = flare

G

gagner, *v.t.* = to win, to; earn
gant, *n.m.* = glove
garage, *n.m.* = garage
garçon, *n.m.* = boy
garder, *v.t.* = to keep, look after
gare, *n.f.* = train station
    gare routière, *n.f.* = bus or coach station
gars, *n.m.* = lad (slang)
gaspiller, *v.t.* = to waste
gâteau, *n.m.* = cake
gauche, *adj.* = left
gaufre, *n.f.* = waffle
gaz, *n.m.* = gas
geler, *v.t.* = to freeze
gendarme, *n.m.* = policeman
gendarmerie, *n.f.* = police force
gendre, *n.m.* = son-in-law
généralement, *adv.* = generally, usually
généreux(euse), *adj.* = generous
génial, *adj.* = great, fun
genou, *n.m.* = knee
genre, *n.m.* = type
gens, *n.m.pl.* = people
gentil(le), *adj.* = kind, nice
géo(graphie), *n.f.* = geography
gerbille, *n.f.* = gerbil
gilet de sauvetage, *n.m.* = life-jacket
girafe, *n.f.* = giraffe
gîte, *n.m.* = holiday home
glace, *n.f.* = ice, ice-cream, mirror
glaçon, *n.m.* = ice-cube
glissant(e), *adj.* = slippery
gomme, *n.f.* = rubber, eraser
gorge, *n.f.* = throat
gourmand(e), *adj.* = greedy
goûter, *n.m.* = tea (4.00 pm snack)
graine, *n.f.* = seed
gramme, *n.m.* = gram
grand(e), *adj.* = big, tall
Grande-Bretagne, *n.f.* = Great Britain
grand-mère (*pl.* grands-mères), *n.f.* = grandmother
grand-père (*pl.* grands-pères), *n.m.* = grandfather
grandes vacances, *n.f.pl.* = summer holidays
grands-parents, *n.m.pl.* = grandparents
gratuit(e), *adj.* = free of charge
grave, *adj.* = serious
grenier, *n.m.* = attic
gris(e), *adj.* = grey
grognon(ne), *adj.* = grumpy
gros(se), *adj.* = big, large
groupe, *n.m.* = group
guichet, *n.m.* = till, counter, ticket office
gymnastique, *n.f.* = gymnastics, PE

H

habiller, *v.t.* = to dress
habitant, *n.m.* = inhabitant
habiter, *v.t./v.i.* = to live, inhabit
hameau, *n.m.* = hamlet
handicapé(e), *adj.* = disabled
haricots (verts), *n.m.pl.* = beans (green)
haut(e), *adj.* = high
    en haut = above, upstairs
heure, *n.f.* = hour
    à *x* heures = at *x* o'clock
    heures d'ouverture = opening hours
    heures de consultation = surgery hours
heureux(euse), *adj.* = happy
hier, *adv.* = yesterday
histoire, *n.f.* = history, story
historique, *adj.* = historical
hiver, *n.m.* = winter
hockey, *n.m.* = hockey
homme, *n.m.* = man

homme d'affaires, *n.m.* = businessman
honnête, *adj.* = honest
hôpital, *n.m.* = hospital
horaire, *n.m.* = timetable (of trains etc.)
horloge, *n.f.* = clock
hors d'œuvre, *n.m.* = first course
hôtel de ville, *n.m.* = town hall
huile, *n.f.* = oil
huit = eight
humide, *adj.* = wet, damp, humid
hypermarché, *n.m.* = hypermarket

I

ici, *adv.* = here
d'ici-là = between now and then
idéal(e) (*m.pl.* idéaux), *adj.* = ideal
idée, *n.f.* = idea
il, *pron.m.s.* = he, it (*m.*)
il y a = there is/are
il y avait = there was/were
il faut (+ *infin.*) = it is necessary (to)
il pleut = it is raining
ils, *pron.m.pl.* = they (*m.*)
image, *n.f.* = picture
imaginer, *v.i./v.t.* = imagine, to
immeuble, *n.m.* = block of flats or offices
impeccable, *adj.* = perfect
imper(méable), *n.m.* = raincoat
important(e), *adj.* = important
impossible, *adj.* = impossible
imprimante, *n.f.* = printer (ICT)
impulsif (*f.* impulsive), *adj.* = impulsive
incroyable, *adj.* = incredible
indispensable, *adj.* = vital
industriel(le), *adj.* = industrial
infirmier(ière), *n.m./f.* = nurse
informations, *n.f.pl.* = news
informatique, *n.f.* = computing, ICT
instrument à cordes, *n.m.* = stringed instrument
intelligent(e), *adj.* = intelligent
interdit(e), *adj.* = forbidden
intéressant(e), *adj.* = interesting
internat, *n.m.* = boarding house, boarding school
interne, *n.m./f.* = boarder
inventer, *v.t.* = to invent
irrégulier(ière), *adj.* = irregular
Italie, *n.f.* = Italy
italien(ne), *adj.* = Italian

J

jamais (ne … jamais), *adv.* = never
jambe, *n.f.* = leg
jambon, *n.m.* = ham
janvier, *n.m.* = January
Japon, *n.m.* = Japan
japonais(e), *adj.* = Japanese
jardin, *n.m.* = garden
jaune, *adj.* = yellow
je (j' before a vowel), *pron.* = I
jean, *n.m.* = jeans, pair of
jeter, *v.t.* = to throw (away)
jeu (*pl.* jeux), *n.m.* = game, set (e.g. set of pens)
jeu de société, *n.m.* = board game
jeu vidéo, *n.m.* = computer game, video game
jeudi, *n.m.* = Thursday
jeune, *adj.* = young
jeune, *n.m.* = youth (16 to 20 year-old)
jeune fille, *n.f.* = girl
jeunesse, *n.f.* = youth (abstract noun)
joli(e), *adj.* = pretty
jouer, *v.t./v.i.* = to play
jour, *n.m.* = day, daylight
jour de l'an, *n.m.* = New Year's Day
journal (*pl.* journaux), *n.m.* = newspaper
journée, *n.f.* = day
joyeux(euse), *adj.* = happy
juillet, *n.m.* = July
juin, *n.m.* = June
jupe, *n.f.* = skirt
jurer (de + *infin.*), *v.t.* = to swear (to)
jus (d'orange), *n.m.* = (orange) juice
jusqu'à, *prep.* = until

K

kilo, *n.m.* = kilo (1 kg)
kilomètre, *n.m.* = kilometre (1 km)

L

là, *adv.* = there
labo(ratoire), *n.m.* = lab(oratory)
lac, *n.m.* = lake
laine, *n.f.* = wool
  en laine = (made of) wool
laisser, *v.t.* = to leave (something somewhere), let
  laisser faire, *v.t.* = to let someone do as they please
  laisser tomber, *v.t.* = to drop
lait, *n.m.* = milk
laiterie, *n.f.* = dairy farm
lampe, *n.f.* = lamp
lancer, *v.t.* = to throw
langage, *n.m.* = language (style)
langue, *n.f.* = language (*e.g.* French)
langues vivantes, *n.f.pl.* = modern languages
lapin, *n.m.* = rabbit
large, *adj.* = wide
latin, *n.m.* = Latin
lavabo, *n.m.* = wash-basin
laver, *v.t.* = to wash
  lave-linge, *n.m.* = washing machine
  lave-vaisselle, *n.m.* = dishwasher
le (l' before a vowel), *m.def.art.* = the, *obj.pron.* = him, it
la, (l' before a vowel) *f.def.art.* = the, *obj.pron.* = her, it
les, *pl.def.art.* = the, *obj.pron.* = them
leçon, *n.m.* = lesson
lecture, *n.f.* = reading
léger(ère), *adj.* = light
légume, *n.m.* = vegetable
lent(e), *adj.* = slow
lentement, *adv.* = slowly
lettre, *n.f.* = letter
leur (*pl.* leurs), *adj.* = their, *obj.pron.* = to them
leur: le leur, la leur, les leurs, *pron.* (*m., f., m.* and *f.pl.*) = theirs
lever, *v.t.* = to raise
lève-toi!/levez-vous! = get up!
libre, *adj.* = free (unoccupied)
ligne, *n.f.* = line
  en ligne = on-line
limonade, *n.f.* = lemonade
lire, *v.t.* (*irreg., past participle* lu) = to read
liste, *n.f.* = list
lit, *n.m.* = bed
litre, *n.m.* = litre
living, *n.m.* = living room
livre, *n.f.* = pound
livre, *n.m.* = book
locaux, *n.m.pl.* = premises
logiciel, *n.m.* = software
loin, *adv.* = far away
loisirs, *n.m.pl.* = leisure, free-time interests
long(ue), *adj.* = long
  le long de, *prep.* = along
longtemps, *adv.* = for a long time
longue-durée, *adj.inv.* = long-lasting
loques, *n.f.pl.* = rags, tatters
  en loques, *adv.* = in tatters
louer, *v.t.* = to rent, hire
lourd(e), *adj.* = heavy
lu: past participle of lire
lui, *emph. pron.* = him; *ind. obj.pron.* = to him, to her
lundi, *n.m.* = Monday
lune, *n.f.* = moon
lunettes, *n.f.pl.* = glasses
lycée, *n.m.* = senior school

M

M. (short for monsieur), *n.m.* = Mr
ma, *pos. adj.* = my (*f.*)
madame, *n.f.* = Mrs, madam
mademoiselle, *n.f.* = Miss
magasin, *n.m.* = shop
magazine, *n.m.* = magazine
magnétophone, *n.m.* = tape-recorder
magnifique, *adj.* = magnificent
mai, *n.m.* = May
maigre, *adj.* = slim
maillot de bain, *n.m.* = swimming costume
main, *n.f.* = hand
maintenant, *adv.* = now

mairie, *n.f.* = mayor's office
mais, *conj.* = but
maison, *n.f.* = house
  maison de la presse, *n.f.* = newsagent's
maîtriser, *v.t.* = to master
mal, *adv.* = badly
mal de mer, *n.m.* = sea-sickness
malade, *adj.* = ill
malheureusement, *adv.* = unfortunately
malheureux(euse), *adj.* = unhappy, unfortunate
maman, *n.f.* = Mum, Mummy
Manche, *n.f.* = English Channel
manger, *v.t.* = to eat
maquette, *n.f.* = model (plane, car etc.)
marché, *n.m.* = market
marcher, *v.i.* = to walk, work (mechanically, be operational)
mardi, *n.m.* = Tuesday
  le mardi, *adv.* = on Tuesdays
mari, *n.m.* = husband
marquer, *v.t.* = to score
marron, *adj.* = reddish-brown
mars, *n.m.* = March
marteau, *n.m.* = hammer
maths, *n.m.pl.* = maths
matière, *n.f.* = (school) subject
matin, *n.m.* = morning
matinal(e), *adj.* = morning
mauvais(e), *adj.* = bad
mauvaise herbe, *n.f.* = weed
me, *pron.* = me, to me
méchant(e), *adj.* = nasty, naughty
médecin, *n.m.* = doctor (medical)
meilleur(e), *adj.* = better
mélanger, *v.t.* = to mix
melon, *n.m.* = melon
même, *adv.* = even
même, *adj.* = same
ménage, *n.m.* = housework
mener, *v.t.* = to lead
mensuel(le), *adj.* = monthly
menu, *n.m.* = menu (fixed price meal)
mer, *n.f.* = sea
merci = thank you
mercredi, *n.m.* = Wednesday
mère, *n.f.* = mother
mes, *pos.adj.pl.* = my
message, *n.m.* = message
messe, *n.f.* = mass (in church)
mesurer, *v.t.* = to measure
météo, *n.f.* = weather
métier, *n.m.* = job, profession
mètre, *n.m.* = metre
métro, *n.m.* = underground train
mettre, *v.t.* (*irreg., past participle* **mis**) = to put, put on
  mettre deux heures à ... = to take two hours to ...
  mettre de côté = to put aside (i.e. save)
  mettre la table = to lay the table
meubles, *n.m.pl.* = furniture
midi, *n.m.* = noon, midday
Midi, *n.m.* = South of France
miel, *n.m.* = honey
mien: le mien, la mienne, les mienes, les miennes, *pron.* (*m., f., m.pl., f.pl.*) = mine
mieux, *adv.* = better
mignon(ne), *adj.* = sweet, cute
milieu, *n.m.* = middle, (social) background
milliard, *n.m.* = a billion (1 000 000 000)
milliardaire, *n.m./f.* = billionaire
million, *n.m.* = million
mince, *adj.* = thin, slim
minuit, *n.m.* = midnight
minute, *n.f.* = minute
minuterie, *n.f.* = electronic timer
miroir, *n.m.* = mirror
mis: past participle of **mettre**
mise en scène, *n.f.* = production (artistic or theatrical)
Mlle (short for **Mademoiselle**), *n.f.* = Miss
Mme (short for **Madame**), *n.f.* = Mrs
moche, *adj.* = horrible
mode, *n.f.* = fashion
  à la mode, *adv.* = fashionable
moderne, *adj.* = modern

moi = me, as for me, I (emphatic)
  moi aussi = me too
moins, *adv.* = less, minus
  moins bien, *adv.* = not as well, worse
  moins le quart = quarter to
mois, *n.m.* = month
moitié, *n.f.* = half
mon, *pos.adj.m.* = my
monde, *n.m.* = the world
moniteur, *n.m.* = instructor (*m.*), monitor (ICT)
monitrice, *n.f.* = instructor (*f.*)
monnaie, *n.f.* = change, currency
monsieur, *n.m.* = Mr, sir
montagne, *n.f.* = mountain
monter*, *v.i./v.t.* = to go up, take up, construct (*e.g.* a tent)
montre, *n.f.* = wristwatch
montrer, *v.t.* = to show
monument, *n.m.* = monument
moquette, *n.f.* = fitted carpet
morceau, *n.m.* = piece, bit
mort(e), *adj.* = dead
mot, *n.m.* = word, short note
mouchoir, *n.m.* = handkerchief
moulin à café, *n.m.* = coffee grinder
mourir*, *v.i.* (*irreg., past participle* **mort**) = to die
moutarde, *n.f.* = mustard
mouton, *n.m.* = sheep
moyen(ne), *adj.* = average, medium-sized
municipal(e), *adj.* = municipal (run by the council)
musicien(ne), *adj.* = musical
musique, *n.f.* = music

N

n'est-ce pas? = isn't that so?
nager, *v.i.* = to swim
naissance, *n.f.* = birth
naître*, *v.t.* (*irreg., past participle* **né**) = to be born
natal(e), *adj.* = of birth
natation, *n.f.* = swimming
nautique, *adj.* = nautical
ne...(before a verb): introduces a negative expression
ne ... pas = not (in a verb expression)
né: past participle of **naître**
nécessaire, *adj.* = necessary
néerlandais(e), *adj.* = Dutch
négatif (*f.* **négative**), *adj.* = negative
neige, *n.f.* = snow
neiger, *v.i.* = to snow
nettoyer, *v.t.* = to clean
neuf = nine
neuf (*f.* **neuve**), *adj.* = (brand) new
neveu, *n.m.* = nephew
nez, *n.m.* = nose
ni... ni... (+ verb), *adv.* = neither... nor...
nièce, *n.f.* = niece
Noël, *n.m.* = Christmas
noir(e), *adj.* = black, dark
nom, *n.m.* = name, surname, noun
  nom de famille = surname
nombreux(euse), *adj.* = numerous
non = no
  non-fumeur, *adj.* = non-smoking
nord, *n.m.* = north
normal(e) (*m. pl.* **normaux**), *adj.* = normal
normand(e), *adj.* = Norman (i.e. from Normandy)
notaire, *n.m.* = lawyer (similar to solicitor)
note (sur 20), *n.f.* = mark (out of 20)
notre (*pl.* **nos**), *adj.* = our
nôtre: le nôtre, la nôtre, les nôtre, *pron.* (*m., f., m* and *f.pl*) = ours
nourriture, *n.f.* = food
nous, *pron.* = we, us
nouveau, (*m.* before a vowel or silent **h**, **nouvel**, *f.* **nouvelle**), *adj.* = new
  à nouveau, *adv.* = (all over) again
  de nouveau, *adv.* = again
  nouveau venu, *n.m.* = newcomer
Nouvelle Orléans, *n.f.* = New Orleans
novembre, *n.m.* = November
nuage, *n.m.* = cloud
nul(le), *adj.* = useless
  nul(le) en = useless at
numérique, *adj.* = digital
numéro, *n.m.* = number

O

objet, *n.m.* = object
  bureau des objets trouvés, *n.m.* = lost property office
occupé(e), *adj.* = busy, occupied
océan, *n.m.* = sea, ocean
octobre, *n.m.* = October
œil (*pl.* **yeux**), *n.m.* = eye
œuf, *n.m.* = egg
office de tourisme, *n.m.* = tourist office
oie, *n.f.* = goose
oiseau (*pl.* **oiseaux**), *n.m.* = bird
on, *pron.* = one (we, they, 'people')
  on y va! = let's go!
oncle, *n.m.* = uncle
onze = eleven
Opéra, *n.m.* = the Paris Opera house
optimiste, *adj.* = optimistic, positive
orage, *n.m.* = storm
orange, *n.f.* = orange
orangina, *n.f.* = orangina
orchestre, *n.m.* = orchestra, band
ordinateur, *n.m.* = computer
ordonnance, *n.f.* = prescription
ordures, *n.f.* = waste, rubbish
oreille, *n.f.* = ear
oreiller, *n.m.* = pillow
oriental(e), *adj.* = oriental, eastern
os, *n.m.* = bone
où, *adv.* = where
ou, *conj.* = or
oublier, *v.t.* = to forget
ouest, *n.m.* = west
oui = yes
ouvert: past participle of **ouvrir**
ouvert(e), *adj.* = open
ouvrier(ière), *n.m./f.* = worker, labourer
ouvrir, *v.t.* (*irreg., past participle* **ouvert**) = to open
  ouvrir un robinet = to turn on a tap

P

paille, *n.f.* = straw
pain, *n.m.* = bread
palier, *n.m.* = landing
panaché, *n.m.* = shandy
panne, en, *adj.* = out of order (not working)
pantalon, *n.m.* = pair of trousers
papa, *n.m.* = Dad, Daddy
papier, *n.m.* = paper, piece of paper
Pâques, *n.m.* = Easter
paquet, *n.m.* = packet
par, *prep.* = by, through
  par ici, *adv.* = this way
  par jour, *adv.* = per day
  par là, *adv.* = that way
  par personne, *adv.* = per person
paraître, *v.i.* (*irreg., past participle* **paru**) = to seem, appear
parc, *n.m.* = park
parce que, *conj.* = because
pareil(le), *adj.* = equal, the same
parents, *n.m.pl.* = parents
paresseux(euse), *adj.* = lazy
parfois, *adv.* = sometimes
parfum, *n.m.* = flavour, perfume
parking, *n.m.* = car park
parler, *v.t./v.i.* = to speak
parmi, *prep.* = among
partager, *v.t.* = to share
partenaire, *n.m./f.* = partner
partir*, *v.i.* (*irreg., past participle* **parti**) = to depart, to leave
partition, *n.f.* = sheet music
pas, *adv.* = not
  pas cher (*f.* **chère**), *adj.* = cheap, inexpensive
  pas de... = not any...
  pas mal, *adv.* = not bad
passage, *n.m.* = passage
passeport, *n.m.* = passport
passer, *v.t./v.i.* = to pass
  passer l'aspirateur = to hoover
  passer un examen = to take an exam
passe-temps, *n.m.* = hobby, pastime
passionnant(e), *adj.* = exciting
patates, *n.f.pl.* = spuds, potatoes (*slang*)
pâté, *n.m.* = paté

pâtes, *n.f.pl.* = pasta
patin, *n.m.* = skating
patinoire, *n.f.* = skating rink
pâtisserie, *n.f.* = cake-shop, cake, pastry
patron, *n.m.* = boss
pause, *n.f.* = break (noun)
pauvre, *adj.* = poor, bleak
pavillon, *n.m.* = bungalow
payer, *v.t.* = to pay (for)
pays, *n.m.* = country (*e.g.* France)
paysage, *n.m.* = countryside, landscape, scenery
paysan(ne), *n.m./f.* = country person
pêche, *n.f.* = fishing; peach
  aller à la pêche = to go fishing
pêcher, *v.t./v.i.* = to fish
peindre, *v.t.* (*irreg., past participle* **peint**) = to paint
peine, *n.f.* = trouble (effort)
peinture, *n.f.* = painting
pelle, *n.f.* = spade
pellicule, *n.f.* = film (in camera)
pendant, *prep.* = during, for (past time)
  pendant que, *conj.* = whilst, while
pendule, *n.f.* = clock (on the wall)
penser, *v.i.* = to think
perdre, *v.t.* = to lose
père, *n.m.* = father
permis, *n.m.* = licence
perroquet, *n.m.* = parrot
perruche, *n.f.* = budgie
persienne, *n.f.* = slatted window-shutter
personnage, *n.m.* = character (person)
personne, *n.f.* = person
personne (ne … personne) = no one, nobody
peser, *v.t./v.i.* = to weigh
petit(e), *adj.* = small, little
  petit déjeuner, *n.m.* = breakfast
  petit gâteau, *n.m.* = biscuit
  petite annonce, *n.f.* = small ad
  petite-fille, *n.f.* = granddaughter
  petit-fils, *n.m.* = grandson
  petits-enfants, *n.m.pl.* = grandchildren
  petit-pois, *n.m.* = pea
peu, *adv.* = little, not much
peu, un, *n.m.* = little, a
peur, *n.f.* = fear
  avoir peur = to be afraid
pharmacie, *n.f.* = chemist's
photo, *n.f.* = photograph
phrase, *n.f.* = sentence, phrase
physique, *n.f.* = physics
pichet, *n.m.* = jug (for wine or water)
pièce, *n.f.* = coin, play (in theatre), room
  la pièce, *adv.* = each (with prices)
pied, *n.m.* = foot
pin, *n.m.* = pine tree
ping-pong, *n.m.* = table tennis
pique-nique, *n.m.* = picnic
pire, *adj.* = worse
piscine, *n.f.* = swimming pool
piste, *n.f.* = ski run, runway
placard, *n.m.* = cupboard
place, *n.f.* = square
plage, *n.f.* = beach
plaisir, *n.m.* = pleasure
plan, *n.m.* = street map
planter, *v.t.* = to plant
plat(e), *adj.* = flat
plat du jour, *n.m.* = dish of the day
plein(e), *adj.* = full
  plein de = plenty of
  à plein temps = full time
pleuvoir, *v.i.* (*irreg., past participle* **plu**) = to rain
plus, *adv.* = more
  ne plus = no longer
plusieurs, *adj.* = several
poche, *n.f.* = pocket
poésie, *n.f.* = poetry
pointure, *n.f.* = shoe size
poisson, *n.m.* = fish
poisson rouge, *n.m.* = goldfish
poivre, *n.m.* = pepper
polar, *n.m.* = police film, novel, thriller
poli(e), *adj.* = polite
police, *n.f.* = police
pollué(e), *adj.* = polluted
pomme, *n.f.* = apple

pomme de terre, *n.f.* = potato
pont, *n.m.* = bridge, deck
porc, *n.m.* = pork
port, *n.m.* = harbour
porte, *n.f.* = door
porte-fenêtre, *n.f.* = French window
porte-feuille, *n.m.* = wallet
porte-monnaie, *n.m.* = purse
porter, *v.t.* = to wear, carry
poser, *v.t.* = to place, put down
poser une question, *v.t.* = to ask a question
posséder, *v.t* = to own
possible, *adj.* = possible
poste, *n.f.* = post office
poster, *n.m.* = poster
potage, *n.m.* = soup
poubelle, *n.f.* = dustbin
poudreux(euse), *adj.* = powdery
poule, *n.f.* = hen
poulet, *n.m.* = chicken
pour = for, in order to
pourquoi, *adv.* = why
pourtant, *adv.* = however, and yet
pousser, *v.t.* = to push
poussin, *n.m.* = chick
pouvoir, *v.i.* (*irreg., past participle* **pu**) = to be able, (can)
pratique, *adj.* = practical, convenient
pratiquer, *v.t.* = to do (*e.g.* a sport)
préau, *n.m.* = covered courtyard
préféré(e), *adj.* = favourite
préférer, *v.t.* = to prefer
premier (*f.* **première**), *adj.* = first
  en première = in year 12, lower 6th form
prendre, *v.t.* (*irreg., past participle* **pris**) = to take, have (meals)
prénom, *n.m.* = first name
préparer, *v.t.* = to prepare
près de, *prep.* = near to
présent(e), *adj.* = present
présenter, *v.t.* = to introduce, present
presque, *adv.* = nearly
prêt(e), *adj.* = ready
prêter, *v.t.* = to lend
printemps, *n.m.* = spring (season)
pris: past participle of **prendre**
privé(e), *adj.* = private
prix, *n.m.* = price, prize
problème, *n.m.* = problem
prochain(e), *adj.* = next
produire, *v.t.* (*irreg., past participle* **produit**) = to produce
produit, *n.m.* = product, chemical
prof, *n.m.* (*abbrev.*) = teacher (slang)
professeur, *n.m.* = teacher
programme, *n.m.* = television/radio schedule
promenade, *n.f.* = outing, walk
promener, *v.t.* = to walk
  promener le chien = to walk the dog
proposer, *v.t.* = to offer, suggest
propre, *adj.* = clean, own
propriétaire, *n.m./f.* = owner
protéger, *v.t.* = to protect,
provisoirement, *adv.* = temporarily
prudence, *n.f.* = care
prune, *n.f.* = plum
pruneau, *n.m.* = prune
pu: past participle of **pouvoir**
pub(licité), *n.f.* = advertisements
puis, *adv.* = then
puis-je? = may I?
pull, *n.m.* = pullover, jumper
punir, *v.t.* = to punish
pupitre, *n.m.* = school desk
pyjama, *n.m.* = (pair of) pyjamas

Q

qu'est-ce que?, *pron.interrog.* = what?
quai, *n.m.* = platform, quay
quand, *adv.* = when
  quand même, *adv.* = nevertheless, even so
quant à (moi etc.), *prep.* = as for (me etc.)
quarante = forty
quart, *n.m.* = quarter
  et quart = quarter past
quatorze = fourteen

quatre = four
quatre-vingts = eighty
quatre-vingt-dix = ninety
que (**qu'** before a vowel), *pron.rel.* = that (*obj.*), which, who(m)
que?, *pron.interrog.* = what?
quel(le), (+ noun), *adj.interrog.* = which …? what …?
quelque(s), *adj.* = some (a few)
  quelque chose, *pron.* = something
  quelques-un(e)s, *pron.* = some, a few
  quelqu'un, *pron.* = someone
quelquefois, *adv.* = sometimes
queue, *n.f.* = tail, queue
qui, *pron.rel.* = who, which, that
qui?, *pron.interrog.* = who?
quinzaine, *n.f.* = fortnight
quinze = fifteen
quitter, *v.t.* = to leave (*e.g.* a room)

R

radin(e), *adj.* = mean
radio, *n.f.* = radio
raide, *adj.* = steep (hill), straight (hair)
raisin, *n.m.* = grape
ramener, *v.t.* = to bring back (people)
randonnée, *n.f.* = hike
ranger, *v.t.* = to put away, tidy
rapporter, *v.t.* = to bring back (things)
rassembler, *v.t.* = to assemble, bring together
rateau, *n.m.* = rake
ratisser, *v.t.* = to rake
réaliser, *v.t.* = to realise (an ambition), to direct (a film)
réchauffement, *n.m.* = heating up
reconnaître, *v.t.* (*irreg. like* **connaître**, past participle **reconnu**) = to recognise
récré(ation), *n.f.* = break time
recycler, *v.t.* = to recycle
rédaction, *n.f.* = essay
rédiger, *v.t.* = to draw up, to put together (e.g. a document)
réduction, *n.f.* = reduction
réfléchir, *v.i.* = to think (carefully)
regarder, *v.t.* = to look (at), watch
région, *n.f.* = region
règle, *n.f.* = ruler, rule
regretter, *v.t.* = to regret
régulier(ière), *adj.* = regular
remarquer, *v.t.* = to notice
remercier, *v.t.* = to thank
remise, *n.f.* = shed
remonte-pente, *n.m.* = ski lift
remplir, *v.t.* = to fill
rencontrer, *v.t.* = to meet
rendez-vous, *n.m.* = appointment, meeting
rendre, *v.t.* = to hand in, return (give back)
  rendre compte (de), *v.t.* = to report (on something)
renseignements, *n.m.pl.* = information
rentrée, *n.f.* = back to school, back to work
rentrer*, *v.i.* = to go home
réparer, *v.t.* = to repair
répéter, *v.t.* = to rehearse, repeat
répondre, *v.i.* = to answer
repos, *n.m.* = rest
réservation, *n.f.* = reservation
réserver, *v.t.* = to reserve
restaurant, *n.m.* = restaurant
rester*, *v.i.* = to stay
résultat, *n.m.* = result
retard, *n.m.* = delay, slowness
retenir, *v.t.* = to put aside, retain, withhold
retirer, *v.t.* = to withdraw
retourner*, *v.i.* = to turn back
rétroprojecteur, *n.m.* = overhead projector
réunion, *n.f.* = meeting
réunir, *v.t.* = to bring together, unite
réussir, *v.i.* = to succeed, be successful
  réussir à un examen = to pass an exam
réussite, *n.f.* = success
réveil, *n.m.* = alarm clock
réveiller, *v.t.* = to wake
revenir*, *v.i.* (*irreg., past participle* **revenu**) = to come back
réviser, *v.t.* = to revise

revoir, *v.t.* = to see again
revue, *n.f.* = revue, newsletter
rez-de-chaussée, *n.m.* = ground floor
rhume, *n.m.* = cold (illness)
ri: past participle of rire
riche, *adj.* = rich
rideaux, *n.m.pl.* = curtains
rien (ne … rien) = nothing
rigolo (*f.* rigolote), *adj.* = funny
rire, *v.i.* (*irreg., past participle* ri) = laugh, to
rivière, *n.f.* = river
riz, *n.m.* = rice
robe, *n.f.* = dress
robinet, *n.m.* = tap
roi, *n.m.* = king
romain, *n.m.* = Roman
roman, *n.m.* = novel
rond(e), *adj.* = round
rond-point, *n.m.* = roundabout (on road)
ronronner, *v.i.* = to purr
rose, *adj.* = pink
rosée, *n.f.* = dew
rôti, *n.m.* = roast
rouge, *adj.* = red
rouler, *v.i.* = to go along (in or on a wheeled vehicle)
route, *n.f.* = road
roux (*f.* rousse), *adj.* = red (of hair)
roux, rousse, *n.m./f.* = redhead
rue, *n.f.* = street

S

s' (= se before a vowel or h), *reflex. pron.* = himself, herself, oneself, themselves
- s'amuser, *v.r.* = to have a good time
- s'apercevoir, *v.r.* (*irreg., past participle* s'aperçu) = to notice
- s'appeler, *v.r.* = to be called
- s'arrêter, *v.r.* = to stop (oneself)
- s'écouler, *v.r* = to pass (e.g: time)
- s'ennuyer, *v.r.* = to be bored
- s'entraîner, *v.r.* = to train, practise
- s'excuser, *v.r.* = to apologize
- s'habiller, *v.r.* = to get dressed
- s'installer, *v.r* = to settle in
- s'intéresser à, *v.r.* = to be interested in
- s'occuper de, *v.r.* = to be busy with, look after

sable, *n.m.* = sand
sac à dos, *n.m.* = rucksack
sacoche, *n.f.* = soft bag
sage, *adj.* = well-behaved
saint(e), *adj.* = holy
saint(e), *n.m./f.* = saint
Saint Sylvestre, *n.m.* = New Year's Eve
saison, *n.f.* = season
salade, *n.f.* = salad
sale, *adj.* = dirty
salle, *n.f.* = room
- salle à manger = dining room
- salle d'attente = waiting room
- salle de bains = bathroom
- salle de classe = classroom
- salle de séjour = sitting room
- salle des réunions = assembly hall

salon, *n.m.* = sitting room
salopette, *n.f.* = (pair of) salopettes
salut! = hi!
samedi, *n.m.* = Saturday
sandale, *n.f.* = sandal
sans, *prep.* = without
sauce, *n.f.* = sauce
saucisse, *n.f.* = sausage
saucisson, *n.m.* = salami sausage
sauf, *prep.* = except
sauvage, *adj.* = wild
sauver, *v.t.* = to save
savoir, *v.t.* (*irreg., past participle* su) = to know (a fact)
savon, *n.m.* = soap
scénario, *n.m.* = screenplay
sciences, *n.f.pl.* = science
scientifique, *n.m./f.* = scientist
scintiller, *v.i.* = to sparkle
scotch, *n.m.* = sellotape

se, *reflex. pron.* = oneself, oneselves
se baigner, *v.r.* = to bathe
se bronzer, *v.r.* = to get tanned
se brosser les cheveux/les dents, *v.r.* = to brush one's hair/teeth
se casser la jambe, *v.r.* = to break one's leg
se changer, *v.r.* = to change (clothes)
se coucher, *v.r.* = to go to bed
se couper le doigt, *v.r.* = to cut one's finger
se dépêcher, *v.r.* = to hurry
se déranger, *v.r.* = to be disturbed
se déshabiller, *v.r.* = to get undressed
se diriger (vers), *v.r.* = to head (towards)
se laver, *v.r.* = to get washed
se lever, *v.r.* = to get up
se mettre en route, *v.r.* = to set off
se passer, *v.r.* = to happen
se plaindre, *v.r.* (*irreg., past participle* plaint) = to complain
se présenter, *v.r.* = to report (to a place), to introduce oneself
se promener, *v.r.* = to go for a walk
se régaler, *v.r.* = to enjoy oneself (esp. of enjoying a meal)
se rendre compte, *v.r.* = to realise
se reposer, *v.r.* = to rest
se retrouver, *v.r.* = to meet up
se réunir, *v.r.* = to meet, have a meeting
se réveiller, *v.r.* = to wake up
se sentir (bien), *v.r.* = to feel (well)
se servir de, *v.r.* = to make use of
se trouver, *v.r.* = to be situated
sec (*f.* sèche), *adj.* = dry
sécher, *v.t.* = to dry
secrétaire, *n.m./f.* = secretary
seize = sixteen
séjour, *n.m.* = stay
sel, *n.m.* = salt
semaine, *n.f.* = week
sentier, *n.m.* = path
sentir, *v.t.* (*irreg. like* partir, *past participle* senti) = to feel, sense
sept = seven
septembre, *n.m.* = September
sérieux(euse), *adj.* = serious, hard-working
serpent, *n.m.* = snake
serre, *n.f.* = greenhouse
seulement, *adv.* = only
sévère, *adj.* = strict
short, *n.m.* = pair of shorts
si! = yes! (in disagreement)
si, *adv.* = if
s'il te/vous plaît = please
si, *conj* = so (so big etc.)
sien: le sien, la sienne, les siens, les siennes, *pron.* (*m., f., m.pl, f.pl.*) = his/hers
silence, *n.m.* = silence
simple, *adj.* = simple, single (ticket etc.)
sincère, *adj.* = sincere
situé(e), *adj.* = situated
six = six
sixième, *adj.* = sixth
en sixième = in year 8
slip, *n.m.* = (pair of) underpants
slip de bain = swimming trunks
SMS, *n.m.* = text message
sœur, *n.f.* = sister
soir, *n.m.* = evening
soirée, *n.f.* = evening, party
soixante = sixty
soixante-dix = seventy
solaire, *adj.* = sun (*adj.*)
soldes, *n.m.pl.* = sales (in the shops)
soleil, *n.m.* = sun
solfège, *n.m.* = music theory
somnoler, *v.i.* = to doze
sorbet, *n.m.* = sorbet
sorte, *n.f.* = sort, type
sortie, *n.f.* = exit, outing
sortir*, *v.i./v.t.* (*irreg., past participle* sorti) = to go out, take (something) outside
soucoupe, *n.f.* = saucer
soudain, *adv.* = suddenly
souffrir, *v.i.* (*irreg., past participle* souffert) = to suffer
soupe, *n.f.* = soup

souriant(e), *adj.* = cheerful, smiley
sourire, *v.i.* (*irreg., past participle* **souri**) = to smile
souris, *n.m.* = mouse
sous, *prep.* = under
sous-sol, *n.m.* = basement
sous-titres, *n.m.pl.* = subtitles
souvent, *adv.* = often
spaghettis, *n.m.pl.* = spaghetti
sparadrap, *n.m.* = plaster, band-aid
spatial(e), *adj.* = space
spécial(e), *adj.* = different, special
spectacle, *n.m.* = performance, show
sport, *n.m.* = games, sport
sportif (*f.* **sportive**), *adj.* = sporty
stade, *n.m.* = sports ground
station balnéaire, *n.f.* = seaside resort
stationner, *v.t./v.i.* = to park
statut, *n.m.* = status
steak, *n.m.* = steak
stupide, *adj.* = stupid
stylo, *n.m.* = fountain pen
su: past participle of **savoir**
sublime, *adj.* = wonderful, perfect
sucre, *n.m.* = sugar
sucreries, *n.f.pl.* = sweet things
sud, *n.m.* = south
suisse, *adj.* = Swiss
Suisse, *n.f.* = Switzerland
suivant(e), *adj.* = following
suivi: past participle of **suivre**
suivre, *v.t.* (*irreg., past participle* **suivi**) = to follow
super, *adj.inv.* = super
superbe, *adj.* = impressive
supermarché, *n.m.* = supermarket
sûr(e), *adj.* = sure, certain, safe
sur, *prep.* = on (on top of)
  sur scène = on (the) stage
surfer sur Internet, *v.i.* = surf the net, to
surnom, *n.m.* = nickname
surprise, *n.f.* = surprise
surtout, *adv.* = above all, especially
  surtout que, *conj.* = especially since
surveillant(e), *n.m./f.* = supervisor
sympa(thique), *adj.* = nice
syndicat d'initiative, *n.m.* = tourist office
système solaire, *n.m.* = the solar system

T

tabac, *n.m.* = newsagent's, tobacconist's
table, *n.f.* = table
tableau, *n.m.* = board
tableur, *n.m.* = spreadsheet
taille, *n.f.* = size
tandis que, *conj.* = whilst
tant pis, *adv.* = too bad
tante, *n.f.* = aunt
tapis, *n.m.* = rug
taquiner, *v.t.* = to tease
tard, *adv.* = late
tarte (aux pommes), *n.f.* = tart (apple)
tartine, *n.f.* = bread with spread
tartiner, *v.t.* = to spread (on bread)
tas de, *n.m.* (*slang*) = loads of
tasse, *n.f.* = cup
taxi, *n.m.* = taxi
technologie, *n.f.* = technology
télé(vision), *n.f.* = television
télécharger, *v.t.* = to download (ICT)
téléphone, *n.m.* = telephone
téléphoner (à), *v.i.* = to telephone
tellement, *adv.* = so (much)
témoin, *n.m.* = witness
température, *n.f.* = temperature
temps, *n.m.* = time, weather
  à temps, *adv.* = on time
tenir, *v.t.* (*irreg., past participle* **tenu**) = to hold
  tenir en laisse, *v.t.* = to keep on a lead
tennis, *n.m.* = tennis
tennis, *n.m.pl.* = trainers
tente, *n.f.* = tent
tenu: past participle of **tenir**
terminer, *v.t.* = to end, finish, terminate
terrasse, *n.f.* = terrace, patio
terre, *n.f.* = land

terre, *n.f.* = Earth
terrestre, *adj.* = terrestrial
tête, *n.f.* = head
têtu(e), *adj.* = headstrong
thé, *n.m.* = tea
théâtre, *n.m.* = theatre
ticket, *n.m.* = ticket
tien: le tien, la tienne, les tiens, les tiennes, *pron.* (*m., f., m. pl., f. pl.*) = yours
tiens! = goodness!
timbre (-poste), *n.m.* = (postage) stamp

timide, *adj.* = shy
tirer, *v.t.* = to pull
  tirer les rideaux = to draw the curtains
toilette, *n.f.* = lavatory
toit, *n.m.* = roof
tomate, *n.f.* = tomato
tomber*, *v.i.* = to fall
tomber en panne, *v.i.* = to break down (of machinery)
tortue, *n.f.* = tortoise
tôt, *adv.* = early
toujours, *adv.* = always
tourisme, *n.m.* = tourism
touriste, *n.m./f.* = tourist
tourner, *v.t./v.i.* = to turn
  tourner un film = to make a film
tout(e) (*m.pl.* **tous**), *adj.* = all, every
  tous les jours, *adv.* = every day
  tous les mardis, *adv.* = every Tuesday
  tout de suite, *adv.* = right away, immediately
  tout droit, *adv.* = straight on
  tout le monde, *n.m.* = everybody, everyone
Toussaint, *n.f.* = All Saints' Day
tousser, *v.i.* = cough, to
traduire, *v.t.* (*irreg. like* **conduire**, past participle **traduit**) = to translate
train, *n.m.* = train
tranche, *n.f.* = slice
travail (*pl.* **travaux**), *n.m.* = work
travailler, *v.i.* = to work
travailleur(euse), *adj.* = hard-working
travaux manuels, *n.m.pl.* = craft
traverser, *v.t.* = to cross (a space)
treize = thirteen
trente = thirty
très, *adv.* = very
trimestre, *n.m.* = term (e.g. Spring Term)
trois = three
trop, *adv.* = too much
  trop de… = too much…, too many…
trou, *n.m.* = hole
trousse, *n.f.* = pencil case
trouver, *v.t.* = to find
truelle, *n.f.* = trowel
t-shirt, *n.m.* = t-shirt
Tunnel sous la Manche, *n.m* = Channel Tunnel

U

un (*m.*), **une** (*f.*), *indef. art.* = a, one (number)
uniforme, *n.m.* = uniform
unique, *adj.* = only (child), unique
uniquement, *adv.* = only, uniquely
unité, *n.f.* = unit
université, *n.f.* = university
usine, *n.f.* = factory
utile, *adj.* = useful
utilisateur, nom d', *n.m.* = user-name (ICT)

V

v.o. (short for **version originale**), *n.f.* = in its original version
vacances, *n.f.pl.* = holidays
vache, *n.f.* = cow
vaisselle, *n.f.* = washing-up
valise, *n.f.* = suitcase
vallée, *n.f.* = valley
vas-y! = go on!
vécu: past participle of **vivre**
vedette, *n.f.* = motor-boat, star (film)
vélo, *n.m.* = bike
vendre, *v.t.* = to sell
vendredi, *n.m.* = Friday
venir*, *v.i.* (*irreg., past participle* **venu**) = to come
  venir chercher = to come and get

vent, *n.m.* = wind
ventre, *n.m.* = stomach
verbe, *n.m.* = verb
vérifier, *v.t.* = to check
verre, *n.m.* = glass
vers, *prep.* = towards
vert(e), *adj.* = green
veste, *n.f.* = jacket
vêtements, *n.m.pl.* = clothes
viande, *n.f.* = meat
vide, *adj.* = empty
viens (*pl.* **venez**) **ici!** = come here!
vieux (*m.* before a vowel **vieil**, *f.* **vieille**), *adj.* = old
village, *n.m.* = village
ville, *n.f.* = town
vin, *n.m.* = wine
vingt = twenty
violet(te), *adj.* = violet (purple, mauve)
violon, *n.m.* = violin
visage, *n.m.* = face
visiter, *v.t.* = to visit, go round (e.g. as a tourist)
vite, *adv.* = quickly
vitre, *n.f.* = pane of glass
vivre, *v.i.* (*irreg., past participle* **vécu**) = to live (i.e. be alive)
vocabulaire, *n.m.* = vocabulary
voici, *prep.* = here is, here are
voilà, *prep.* = there is, there are; there you are!
voir, *v.t.* (*irreg., past participle* **vu**) = to see
voisin(e), *n.m./f.* = neighbour
voisin, *adj.* = neighbouring
voiture, *n.f.* = car
voix, *n.f.* = voice
volet, *n.m.* = shutter
volley, *n.m.* = volleyball
vôtre: le vôtre, la vôtre, les vôtre, *pron.* (*m., f., m.* and *f.pl.*) = yours
vouloir, *v.t.* (*irreg., past participle* **voulu**) = to want
vous, *pron.* = you (*pl. or polite form*)
voyager, *v.i.* = to travel
voyageur, *n.m.* = traveller
vrai(e), *adj.* = true
vraiment, *adv.* = really
vu: past participle of **voir**
vue, *n.f.* = view

W

w.c., *n.m.* = lavatory
week-end, *n.m.* = weekend

Y

y, *adv.* = there, in that place
il y a = there is, there are
yaourt, *n.m.* = yogurt
yeux, *n.m.* (*pl. of* **oeil**) = eyes

Z

zéro, *n.m.* = zero
zoo, *n.m.* = zoo
zut!, *excl.* = bother!